돈 쓰는 법을 알아야 행복해지는 거야

너는 꿈을 어떻게 이룰래? 4

리앙즈웬 지음 | 이종순 옮김

KB191420

HANEON.COM

너는 꿈을 어떻게 이룰래? 4
돈 쓰는 법을 알아야 행복해지는 거야

펴 냄	2006년 5월 1일 1판 1쇄 박음 | 2006년 8월 15일 1판 2쇄 펴냄
지은이	리앙즈웬(梁志援)
옮긴이	이종순
펴낸이	김철종
펴낸곳	(주)한언
	등록번호 제1-128호 / 등록일자 1983. 9. 30
주 소	서울시 마포구 신수동 63-14 구 프라자 6층 (우 121-854)
	TEL. 02-701-6616(대) / FAX. 02-701-4449
책임편집	김승규 sgkim@haneon.com
디자인	양진규 jkyang@haneon.com
일러스트	김신애 sakim@haneon.com
홈페이지	**www.haneon.com**
e-mail	haneon@haneon.com

이 책의 무단전재 및 복제를 금합니다.
잘못 만들어진 책은 구입하신 서점에서 바꾸어 드립니다.

ISBN 89-5596-331-9 44320
ISBN 89-5596-329-7 44320 (세트)

돈 쓰는 법을 알아야 행복해지는 거야

너는 꿈을 어떻게 이룰래? 4

꿈꾸는 아이들에게는

지식을 선물할 것이 아니라

지혜를 선물해야 합니다.

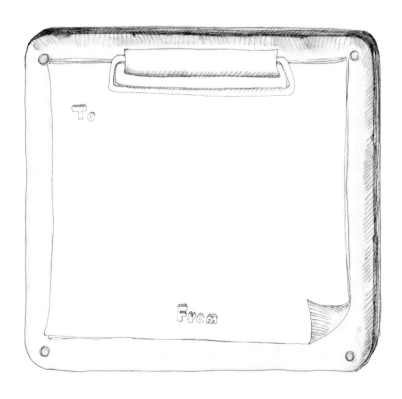

어린이들에게 지혜의 문을 열어주자

이 책은 왜 출간되었는가?

오늘날처럼 급변하는 시대에 전통적인 교육 시스템은 새로운 욕구를 만족시키지 못하는 경우가 많다. 일상생활에서 반드시 필요한 시간관리, 금전관리, 인간관계, 목표설정, 리더십, 문제해결 능력 등은 전통적인 교육방식으로는 배울 수 없는 것들이다. 〈너는 꿈을 어떻게 이룰래?〉 시리즈는 바로 이러한 문제인식에서 출발하여 출간되었다. 이 시리즈는 동시대와 호흡하고 있는 여러 분야의 대가들의 지혜를 모델로 삼았으며, 그들의 사고방식(Thinking Model)을 재미있는 이야기로 엮었다. 또한 다양한 심리학적 지식을 참고하고 그 방법을 적용하여 학생들의 이해력을 돕고자 노력했다.

이 책은 누구를 위한 것인가?

이 책은 초등학교 4학년부터 중학교 3학년(약 9~15세) 학생들이 앞으로 인생을 살아가는 데 꼭 필요한 인성을 익힐 수 있도록 집필되었다. 만약 어린 학생이 이 책을 본다면 선생님과 부모님들은 그들의 이해 수준에 따라 적절한 설명을 곁들여야 효과가 클 것이다. 연습문제는 그대로 따라 풀 수 있도록 구성하였다. 물론 이 책은 성인들에게도 도움이 된다고 생각한다. 다만, 어린이들은 사물에 호기심이 많고 이해가 빠르기 때문에 사고방식 훈련에 더욱 좋은 효과가 있으리라 생각한다.

선생님과 부모님들은 이 책을 어떻게 활용해야 할까?

선생님과 부모님들은 먼저 지문의 요점을 이해한 다음, 아이들에게 설명하고 연습문제를 풀게 한다. 또 선생님과 부모님은 아이들의 인성교육에 있어 훌륭한 조언자이기 때문에 그들의 모범이 되어야 하며, 자신의 경험에 비추어 학생들과 함께 답안을 작성하고 느낀 점에 대해 토론해야 한다. 이 과정에서 학생들의 다양한 생각을 북돋워주고, 그 사고방식이 학생들의 생활에 소중한 가치관으로 자리 잡게 하며 이를 습관화하도록 도와준다. 그럼으로써 어른들은 자신의 삶을 되돌아볼 수 있고, 아이들의 인생은 보다 풍요롭고 행복해질 것이다.

이 책은 정답이 없다!

책 뒷부분에 제시된 답안은 학생들의 올바른 사고방식과 가치관 형성을 돕고자 하는 참고답안일 뿐 정답이 아니라는 점을 말해두고 싶다. 다양한 사고방식과 개인의 견해 차이를 인정해야 하기 때문이다. 참고답안에 얽매이기보다는 자유로운 토론과 사고를 통해 온전히 자신의 지혜로 만들기 바란다.

죽은 지식과 살아 있는 지혜

초등학교를 졸업할 때쯤 아이들의 신체조건, 지적 수준, 사고 능력은 거의 비슷하다고 할 수 있다. 그러나 오랜 세월이 지난 후 그 결과는 사뭇 다르다. 아마도 이러한 결과를 운의 몫으로 돌리는 사람도 있을 것이다. 어떤 사람들은 운이 따르지 않아서 성공할 수 없었고, 어떤 사람들은 운 좋게 귀인을 만나 성공했다고 생각할 수도 있다. 그렇다면 행운 외에 다른 이유는 없는 것일까? 한 학년의 학업을 마쳤다는 것은 학교에서 배운 지식과 능력이 다른 사람과 별 차이가 없다는 것을 의미한다. 그런데 왜 일부분의 사람들만 배운 지식을 자유자재로 활용할 수 있을까? 그것은 그들에게 또 다른 살아있는 지혜가 있기 때문이다.

지식사회에서 살고 있는 우리는 그 어느 때보다 지식에 대한 욕구가 간절하다. 우리는 반드시 이전보다 더 치열하게 학습하고 많은 시간을 투자해야 한다. 예를 들면 대학을 졸업하고 나서도 전공 관련 자격증을 취득하거나 앞으로 생계유지에 필요한 전문기술을 배워야 한다. 기초적인 전문기술이 우리의 경쟁력을 높여주고, 생계유지 차원에서 도움이 된다는 것은 의심할 여지가 없다. 그러나 이런 '죽은 지식'을 자유자재로 활용하려면 반드시 '산지식'을 자유자재로 활용할 수 있는 능력이 필요하다. 그렇다면 '산지식'을 활용할 수 있는 능력이란 무엇인가?

유명한 미래학자 존 나이스비트*John Naisbitt*는 지식사회에서 다음과 같은 네 가지 기능을 습득해야 한다고 말한다. 그것은 바로 공부하는 방법, 생각하는 방법, 창조하는 방법, 교제하는 방법이다.

같은 분야의 전문 자격증을 취득한 엔지니어 두 명이 있었다. 그중 A라는 사람은 공부하는 방법을 알고 있었기 때문에 급속하게 변화하는 시장의 요구에 맞춰 신제품 관련 지식을 파악할 수 있었고, 사람들과 교제하는 방법과 표현능력이 뛰

어났기 때문에 더 많은 주문을 받을 수 있었다. 또한 창의적인 사고방식을 가지고 있어서 어려운 문제에 봉착했을 때 빠르고 쉽게 해결할 수 있었다. 그리고 과거를 반성하고 미래를 예측할 수 있는 혜안 덕분에 더욱 많은 기회를 잡을 수 있었다. 그러나 B라는 사람은 A처럼 그렇지 못했기 때문에 그에 비해 성공적인 삶을 살지 못했다.

죽은 지식과 산지식 사이에는 다음과 같은 차이점이 있다.

* 죽은 지식은 쉽게 시대에 뒤떨어지고 새로운 지식에 자리를 내주지만, 산지 식은 평생 활용이 가능하다.
* 죽은 지식을 습득하는 데는 많은 시간이 필요하지만, 산지식은 짧은 시간 안에 쉽게 배울 수 있다. 그러나 산지식을 이해할 수도 인정할 수도 없는 사람들은 평생 걸려도 배우지 못한다.
* 죽은 지식은 일반적으로 학교에서 교과과정을 통해 배울 수 있지만, 산지식은 언제 어디서나 정해진 틀에 얽매이지 않고 배울 수 있다.
* 죽은 지식은 평가가 가능하지만, 산지식은 정확하게 평가하기가 어렵고 긴 시간이 지나야 그 결과를 통해 알 수 있다. 그러나 확실하게 산지식을 배울 수 있다면 그 효과는 굉장하다.

성공한 사람들의 공통점이 있다면 그들은 산지식의 소유자라는 것이다. 리앙즈 웬 선생이 쓴 〈너는 꿈을 어떻게 이룰래?〉 시리즈는 바로 세계적인 교육의 새로운 흐름에 따라 집필된 '산지식' 이라 하겠다. 이 시리즈는 지식사회가 요구하는 인재육성을 위한 훌륭한 교과서다. 이 책의 특징은 어려운 문장은 피하고, 간결하고 정확한 언어를 사용했다는 점이다. 연습문제를 통해 학생들이 쉽게 이해하고, 그

숨은 뜻을 바로 습득할 수 있도록 구성했다. 즉, 이 책에서 제기된 많은 지식들은 사람들이 평생 배워도 체계적으로 터득하기 어려운 산지식이라고 자신 있게 말할 수 있다. 아이들이 이 시리즈를 통해 평생 사는 데 도움이 되는 훌륭한 지혜들을 얻기 바란다.

— 존 라우 〈너는 꿈을 어떻게 이룰래?〉 시리즈 고문

지혜롭게 돈을 관리하는 것은 행복의 시작이다

돈 관리는 오늘날 모든 사람들에게 매우 중요한 과제 중 하나다. 왜냐하면 지혜롭게 돈을 관리하는 것은 행복한 생활의 기본요소이기 때문이다. 또 돈의 진정한 주인이 되려면 정확한 돈 관리법을 반드시 알아야 한다는 것은 많은 사례를 통하여 입증되었다. 이러한 돈 관리법에 대한 교육은 어린이나 청소년 시기가 적기이다. 그러나 안타깝게도 초등학교와 중학교 교과과정에서 돈 관리에 대해 가르치는 과목을 찾아볼 수 없다. 그렇기 때문에 이 책은 현대 부자들의 경험담과 생생하고도 재미있는 이야기와 연습문제를 푸는 과정을 통해 청소년들에게 돈 관리에 대한 도움을 주고자 한다.

1. 돈의 의미
2. 돈 관리의 목적
3. 돈 관리의 7가지 영역
   - 돈 벌기 : 노동을 통해 돈을 번다.
   - 돈 쓰기 : 돈을 유용하게 사용하여 필요한 물건이나 서비스를 산다.
   - 돈 저축하기 : 근검절약하여 돈을 모은다.
   - 돈 보관하기 : 자신의 돈이 뜻밖의 손실을 보지 않도록 한다.
   - 돈 늘리기 : 돈으로 더 많은 돈을 번다.
   - 돈 나누어 쓰기 : 도움을 필요로 하는 사람을 돕는다.
   - 돈 계획하기 : 돈의 사용에 대한 기록으로 소비 상황을 파악하다.

끝으로 우리는 이 책이 청소년들에게 돈 관리에 대한 개념을 심어주고 이를 생활화하여 진정한 돈의 주인이 될 수 있기를 바란다. 청소년들이 '경제적 자유(Financial Freedom)' 에 도달하고, 돈으로 인한 고민을 하지 않기를 고대한다.

차 례

돈이란 무엇인가?

가지고 있는 돈을 제대로 관리하지 못한다면 돈이 없는 것과 똑같다

돈이란 무엇일까? 우리에게 돈은 왜 중요할까? 돈이 없으면 우리의 일상생활은 불가능해진다. 우리는 돈이 있기 때문에 물건을 구입하고 공부를 하고 어려운 사람을 돕고 오락을 즐기거나 세금을 낼 수 있다. 그러면 여러분과 여러분의 가족은 지금까지 돈을 어떻게 썼는지 한 번 생각해 보자.

1 돈의 용도

만약 여러분이 갑자기 부자가 된다면 어떻게 돈을 쓸 것인가? 정답을 골라 □에 ✓하거나, 빈 칸에 답안을 적으세요.

    □ 가. 장난감을 산다.

    □ 나. 옷을 산다.

    □ 다. 어려운 사람을 돕는다.

    □ 라. 큰 집을 산다.

    □ 마. 맛있는 음식을 먹는다.

    □ 바. 책을 산다.

    □ 사. 가족에게 준다.

    □ 아. 차를 산다.

    □ 자. 세계 여행을 한다.

    □ 차. 마음껏 즐긴다.

    □ 카. _____

2 돈은 만능이 아니다

01 돈은 살아가는 데 꼭 필요하지만 돈으로 살 수 없는 것들이 있다. 다음 문장을 보고 정답을 골라 □에 ✓표시하세요.

1) 돈으로 화려하게 장식한 '집'은 살 수 있지만 따뜻한 _____ 은(는) 살 수 없다.
   □ 가. 스웨터
   □ 나. 난로
   □ 다. 도시락
   □ 라. 가족

2) 돈으로 편안한 '침대'는 살 수 있지만 더 중요한 _____ 은(는) 살 수 없다.
   □ 가. 잠
   □ 나. 침대시트
   □ 다. 침대커버
   □ 라. 베개

3) 돈으로 맛있는 '음식'은 살 수 있지만 맛있게 먹을 수 있는 _____ 은(는) 살 수 없다.
   □ 가. 음료수
   □ 나. 식욕
   □ 다. 영화
   □ 라. 게임

4) 돈으로 비싼 '시계'는 살 수 있지만 돌아오지 않는 _____ 은(는) 살 수 없다.

　　□ 가. 비행기

　　□ 나. 기차

　　□ 다. 기선

　　□ 라. 시간

5) 돈으로 좋은 '책'은 살 수 있지만 사는 데 꼭 필요한 _____ 은(는) 살 수 없다.

　　□ 가. 계산기

　　□ 나. 컴퓨터

　　□ 다. 지식

　　□ 라. 손목시계

6) 돈으로 비싼 '약'은 살 수 있지만 더 귀중한 _____ 은(는) 살 수 없다.

　　□ 가. 약재

　　□ 나. 건강

　　□ 다. 보약

　　□ 라. 맛있는 음식

7) 돈으로 안락한 '집'은 살 수 있지만 마음속의 _____ 은(는) 살 수 없다.

　　□ 가. 자유

　　□ 나. 건강

　　□ 다. 평안

　　□ 라. 만족

8) 돈으로 비싼 '화장품'은 살 수 있지만 흘러간 _____ 은 살 수 없다.

    □ 가. 청춘

    □ 나. 추억

    □ 다. 아름다운 꿈

    □ 라. 환상

9) 돈으로 '오락'은 즐길 수 있지만 사람들이 원하는 _____ 은(는) 살 수 없다.

    □ 가. 호화주택

    □ 나. 행복

    □ 다. 보석

    □ 라. 컴퓨터

10) 돈으로 '명예'는 살 수 있지만 다른 사람들의 _____ 은 살 수 없다.

    □ 가. 충성

    □ 나. 섬김

    □ 다. 존경

    □ 라. 복종

11) 돈으로 '호화로운 물건'은 살 수 있지만 _____ 의 만족은 살 수 없다.

    □ 가. 식욕

    □ 나. 거주

    □ 다. 정보

    □ 라. 마음

12) 돈으로 화려한 '결혼'은 할 수 있지만 진정한 ＿＿＿＿은 할 수 없다.

　　□ 가. 웨딩드레스

　　□ 나. 다이아몬드

　　□ 다. 사랑

　　□ 라. 결혼식

13) 돈으로 외모의 '아름다움'은 살 수 있지만 ＿＿＿＿는 살 수 없다.

　　□ 가. 부유

　　□ 나. 예쁜 마음씨

　　□ 다. 향수

　　□ 라. 건강

3 돈과 바꿀 수 있는 것은 무엇인가?

만약 많은 재산을 아래 보기와 바꿀 수 있다면 여러분은 무엇을 선택할 것인가?

(정답을 모두 고르세요)

　　□ 가. 생명

　　□ 나. 건강

　　□ 다. 눈

　　□ 라. 청춘

　　□ 마. 신앙

　　□ 바. 육체

　　□ 사. 가족

　　□ 아. 자유

　　□ 자. 양심

　　□ 차. 가족에 대한 사랑

선택한 이유: _____

_____

깨달은 점: _____

_____

4 돈과 시간은 어떻게 다른가?

01 돈과 시간은 인생의 한 부분이다. 아래의 특징이 해당된다고 생각하는 답에 ✓표시하세요.

특징	시간	돈
늘릴 수 있다	☐	☐
줄일 수 있다	☐	☐
다른 사람에게 빌려 줄 수 있다	☐	☐
잃어버려도 찾을 수 있다	☐	☐
모든 사람이 똑같이 가지고 있다	☐	☐
일정한 속도로 없어진다	☐	☐
모을 수 있다	☐	☐
도둑 맞을 수 있다	☐	☐
무료로 모든 사람에게 줄 수 있다	☐	☐

02 돈에 대해 어떻게 생각하는가? (정답을 모두 고르세요)

☐ 가. 노력해서 모은다.

☐ 나. 조심스럽게 보관한다.

☐ 다. 남에게 쉽게 빌려준다.

☐ 라. 낭비하면 안 된다.

☐ 마. 잃어버려도 다시 찾을 수 있다.

☐ 바. 늘어날 수 있다.

☐ 사. 기타 _____

5 누가 더 부자일까?

어느 날, 한 부자가 자신의 아들에게 가난한 사람들의 생활을 체험시키고자 시골로 여행을 보냈다. 가난한 집에서 며칠 지내고 돌아온 아들에게 아버지는 어떤 점을 느꼈고 무엇을 배웠는지 물었다. 아들은 "우리 집에는 개가 한 마리지만 그 집에는 네 마리가 있었고, 우리 집에는 수영장이 하나지만 그 집에는 끝없이 흐르는 계곡이 있었어요. 또 우리 집에는 전등이 몇 개만 있지만 그 집에는 무수한 별들이 있었고, 우리 집에는 작은 정원이 있지만 그 집에는 넓은 들판이 있었으며, 우리는 가정부의 도움을 받지만 그 집은 서로 도와주고 있었어요. 우리 집은 먹을 것을 사야 하지만 그 집은 손수 농사지어 자급자족하고 있었고, 우리 집은 높은 담장만이 우리를 보호하고 있지만 그 집은 이웃들이 서로 보호해주고 있었어요"라고 대답했다. 아들의 말을 들은 아버지는 아무 말도 하지 않았다. 그러자 아들은 아버지에게 "우리가 얼마나 가난한지 알 수 있게 해주셔서 정말 감사합니다"라고 한마디 덧붙였다.

01 아버지는 왜 아들을 데리고 시골로 여행을 떠났을까?

　□ 가. 아들이 시골생활을 구경할 수 있도록

　□ 나. 아들이 가난한 사람들의 생활을 체험할 수 있도록

　□ 다. 아들이 농촌의 풍경을 구경할 수 있도록

　□ 라. 아들이 다른 사람들의 생활을 체험할 수 있도록

02 아들은 그 집에서 많은 개를 발견하고 자신의 집에는 무엇이 있다고 했는가?

　□ 가. 개 한 마리

　□ 나. 고양이 한 마리

　□ 다. 닭 한 마리

　□ 라. 토끼 한 마리

03 아들은 그 집에서 계곡을 발견하고 자신의 집에는 무엇이 있다고 했는가?

□ 가. 작은 강

□ 나. 작은 계곡물

□ 다. 수영장 하나

□ 라. 우물 하나

04 아들은 그 집에서 수많은 별을 보고 자신의 집에는 무엇이 있다고 했는가?

□ 가. 빛 몇 줄기

□ 나. 별 몇 개

□ 다. 구름 몇 점

□ 라. 전등 몇 개

05 아들은 그 집에서 넓은 들판을 발견하고 자신의 집에는 무엇이 있다고 했는가?

□ 가. 작은 베란다

□ 나. 작은 정원

□ 다. 작은 건물

□ 라. 작은 복도

06 아들은 그 집에서 사람들이 서로 돕는 모습을 볼 수 있었지만 자신의 집에서는 누가 돌봐준다고 했는가?

□ 가. 가정부

□ 나. 친척

□ 다. 가족

□ 라. 친구

07 아들은 그 집에서 사람들이 직접 농사지어 자급자족하는 것을 볼 수 있었지만 자신의 집에서는 어떻게 한다고 했는가?

☐ 가. 먹을 것을 모아둔다.

☐ 나. 먹을 것을 다른 사람과 바꾼다.

☐ 다. 먹을 것을 직접 찾는다.

☐ 라. 먹을 것을 구입한다.

08 아들은 그 집에서 이웃들이 보호해주는 모습을 볼 수 있었지만 자신의 집에서는 무엇만이 보호해준다고 했는가?

☐ 가. 경찰

☐ 나. 높은 담장

☐ 다. 사냥개

☐ 라. 집 식구

09 아들은 부자란 무엇이라고 생각했는가? (정답을 모두 고르세요)

☐ 가. 자연 속에서 사는 것

☐ 나. 마음의 평온을 찾는 것

☐ 다. 식구들이 서로 돕는 것

☐ 라. 자급자족하는 것

☐ 마. 많은 돈을 가지는 것

☐ 바. 호화주택에서 사는 것

☐ 사. 큰 수영장을 가지는 것

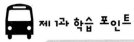

√ 돈은 반드시 필요하지만 만능은 아니다.

√ 많은 돈이 성공이나 행복, 다른 사람들의 존경을 의미하는 것은 아니다.

√ 돈의 특징 : 늘기도 하고 줄기도 하며 저축할 수 있고 도둑맞을 수 있다. 또 빌려 줄 수도 있고, 잃어버린 것을 찾아올 수도 있다.

√ 인생에서 재산이란 돈뿐만 아니라 가족, 건강, 행복, 자유, 친구 그리고 마음의 평온도 포함된다.

돈을 관리하자

돈을 관리하는 것의 의미를 깨달아야 한다

돈을 관리할 줄 알아야 진정한 부자가 될 수 있다. 만약 돈이 우리를 관리한다면 가난한 생활에서 벗어나지 못할 것이다. 그렇다면 돈을 관리하는 것의 의미는 무엇일까?

돈 관리에는 다음의 일곱가지 내용이 포함된다.

- 돈 벌기
- 돈 쓰기
- 돈을 저축하기
- 돈을 보관하기
- 돈을 늘리기
- 돈을 나누어 쓰기
- 돈을 계획하기

돈 관리를 배우는 목적은 지혜로운 돈 관리를 통해 돈으로부터 자유롭기 위함이다.

1. 돈은 어떻게 관리하는가?

01 돈을 어떻게 벌 것인가?

☐ 가. 일을 해서 돈을 번다.

☐ 나. 도박을 해서 돈을 번다.

☐ 다. 훔친 물건을 팔아서 돈을 번다.

☐ 라. 돈을 빌려서 돈을 번다.

02 돈을 어떻게 쓸 것인가?

　□ 가. 필요하지 않은 물건을 사기 위해 돈을 계획적으로 쓴다.

　□ 나. 필요하지 않은 물건을 사기 위해 돈을 마구 쓴다.

　□ 다. 꼭 필요한 물건을 사기 위해 돈을 계획적으로 쓴다.

　□ 라. 필요하지 않은 물건을 사기 위해 돈을 마음대로 쓴다.

03 돈을 어떻게 저축할 것인가?

　□ 가. 용돈에서 이자를 뺀 나머지를 저축한다.

　□ 나. 불우이웃돕기를 하고 저축하지 않는다.

　□ 다. 용돈을 모두 저축한다.

　□ 라. 꼭 필요한 부분에 쓰고 난 나머지 용돈을 저축한다.

04 돈을 어떻게 늘릴 것인가?

　□ 가. 일을 해서 돈을 번다.

　□ 나. 저축해서 이자를 받는다.

　□ 다. 많은 물건을 산다.

　□ 라. 금을 산다.

05 돈을 어떻게 보관할 것인가?

　□ 가. 안전한 곳에 보관한다.

　□ 나. 다른 사람에게 관리를 부탁한다.

　□ 다. 돈을 은행에 저축한다.

　□ 라. 자신의 돈을 손해 보지 않게 한다.

06 돈을 어떻게 관리할 것인가?

　□ 가. 돈 벌기와 돈 늘리기를 통해 관리한다.

　□ 나. 돈 계획하기와 가계부를 통해 관리한다.

　□ 다. 돈 벌기와 돈 쓰기를 통해 관리한다.

　□ 라. 돈 늘리기와 돈 쓰기를 통해 관리한다.

07 어떻게 돈을 나누어 쓸 것인가?

　□ 가. 빚이 많은 사람을 돕는다.

　□ 나. 착한 사람을 돕는다.

　□ 다. 돈이 필요한 사람을 돕는다.

　□ 라. 노인들을 돕는다.

08 돈 관리를 잘 하는 것은 무엇인가?

　□ 가. 돈의 주인으로서 돈을 관리하며, 자유를 위해 고민하지 않는다.

　□ 나. 돈의 주인으로서 돈을 관리하며, 돈을 위해 고민하지 않는다.

　□ 다. 돈의 주인으로서 돈을 관리하며, 친구를 위해 고민하지 않는다.

　□ 라. 돈의 주인으로서 돈을 관리하며, 건강을 위해 고민하지 않는다.

2 . 나는 어떤 사람인가?

　1990년, 미국의 한 보험회사가 20여 년의 연구 끝에 다음과 같은 놀라운 결과를 발표했다. 평범한 직장인이 40년간 일한 후 퇴직했을 때 100명 중 1명은 큰 부자가 되고, 4명은 어느 정도 돈을 가지고 있으며, 5명은 다시 직장을 찾아야 생계를 유지할 수 있다고 한다. 또 12명은 재산을 모두 잃었고, 29명은 이미 죽었으며, 49명은 사회가 도와줘야만 생계를 유지할 수 있다고 한다.

01 퇴직한 100명 중 큰 부자가 된 사람은 몇 명인가?

　　□ 가. 1

　　□ 나. 2

　　□ 다. 3

　　□ 라. 4

02 퇴직한 100명 중 어느 정도 돈을 가지고 있는 사람은 몇 명인가?

　　□ 가. 1

　　□ 나. 2

　　□ 다. 3

　　□ 라. 4

03 퇴직한 100명 중 다시 직업을 찾는 사람은 몇 명인가?

　　□ 가. 4

　　□ 나. 5

　　□ 다. 6

　　□ 라. 7

04 퇴직한 100명 중 몇 명이 재산을 모두 잃었다고 했는가?

　　□ 가. 10

　　□ 나. 11

　　□ 다. 12

　　□ 라. 13

05 퇴직한 100명 중 사회의 도움이 필요한 사람은 몇 명인가?

☐ 가. 39

☐ 나. 49

☐ 다. 59

☐ 라. 69

06 퇴직한 100명 중 돈 걱정 없이 더 이상 일하지 않아도 되는 사람이 몇 명인가?

☐ 가. 1

☐ 나. 2

☐ 다. 3

☐ 라. 4

07 여러분은 퇴직 후를 위해 어떻게 준비할 것인가? (정답을 모두 고르세요)

☐ 가. 열심히 돈을 번다.

☐ 나. 열심히 돈을 쓴다.

☐ 다. 돈을 저축한다.

☐ 라. 유용하게 돈을 쓴다.

☐ 마. 돈을 빌려 쓴다.

☐ 바. 지혜롭게 돈을 늘린다.

☐ 사. 돈을 기부한다.

☐ 아. 돈을 아껴쓴다.

☐ 자. 돈을 마구 쓴다.

☐ 차. 돈을 잘 관리한다.

3 나의 돈 관리능력 점수는 몇 점인가?

아래의 항목은 여러분이 얼마나 돈 관리에 대해 잘 알고 있는지 알려줄 것이다.
솔직하게 답변해보자.

	그렇다 1점	때로는 2점	아니다 3점
1) 나는 항상 용돈을 다 써버린다.	☐	☐	☐
2) 나는 돈을 목적도 계획도 없이 쓴다.	☐	☐	☐
3) 나는 저축이 중요하지 않다고 생각한다.	☐	☐	☐
4) 나는 부모님이 항상 돈을 줄 거라고 생각한다.	☐	☐	☐
5) 나는 항상 돈을 중요하지 않은 일에 쓴다.	☐	☐	☐
6) 나는 쓴 돈을 메모하는 습관이 없다.	☐	☐	☐
7) 나는 비싼 물건을 좋아하며 광고의 내용을 믿는다.	☐	☐	☐
8) 나는 항상 용돈을 미리 받아 쓴다.	☐	☐	☐
9) 나는 가격이 싸면 필요없는 물건도 구입한다.	☐	☐	☐
10) 나는 물건을 살 때 다른 가게와 가격을 비교하지 않는다.	☐	☐	☐
11) 나는 물건의 품질만 좋으면 가격이 적당한 지 따지지 않는다.	☐	☐	☐
12) 나는 항상 내 돈으로 부모님께 생일 선물을 사서 드리지 못한다.	☐	☐	☐
13) 나는 마음에 드는 물건이 있으면 바로 산다.	☐	☐	☐
14) 나는 자선단체에 자발적으로 기부한 적이 없다.	☐	☐	☐
15) 나는 부모님이 돈을 어떻게 버시는지 생각해본 적이 없다.	☐	☐	☐

나의 점수는 _____

15~25점 : 여러분은 아직 돈 관리의 기초적인 지식과 개념을 파악하지 못했다.

26~35점 : 여러분의 돈 관리 지식과 개념은 일반 수준이다.

36~45점 : 여러분은 기초적인 돈 관리 지식과 개념을 터득했다.

 제 2과 학습 포인트

> √ 돈 관리 학습
>
>   1.벌기 2.쓰기 3.저축하기 4.보관하기
>
>   5.늘리기 6.나누어 쓰기 7.계획하기
>
> √ 돈에 대한 자유
>
>   돈의 주인이 되어야 하며 돈 때문에 고민하지 않아야 한다.
>
> √ 자신의 돈 관리 능력을 점검해야 하며 끊임없이 노력하여 돈에 대한 자
>
>   유를 이루어야 한다.

돈을 벌다 (1)

도둑질을 하는 이유는 돈이 모자라서가 아니라 돈에 대한 욕심 때문이다

대부분의 어린이들과 청소년들은 부모님에게 용돈을 받아서 쓴다. 그런데 여러분은 그 돈을 어떻게 벌었는지 생각해본 적이 있는가? 돈을 버는 방법은 여러 가지가 있지만 가장 일반적인 방법은 일을 해서 얻는 것이다. 여러분의 부모님들은 많은 고생을 하면서 돈을 벌어오신다. 그러므로 여러분이 쓰고 있는 돈은 매우 소중하다.

1 돈은 어디서 나오나

01 다음의 사람들은 어떤 일을 해서 돈을 버는가?

1) 경찰
　　□ 가. 사회를 지킨다.
　　□ 나. 회사를 지킨다.
　　□ 다. 감옥을 지킨다.
　　□ 라. 학교를 지킨다.

2) 의사
　　□ 가. 불면증환자를 치료해준다.
　　□ 나. 환자의 체력을 회복시켜준다.
　　□ 다. 환자의 질병을 치료해준다.
　　□ 라. 환자의 생활을 조절해준다.

3) 버스기사

    □ 가. 승객을 태우거나 짐을 싣고 목적지까지 도착한다.

    □ 나. 짐이나 화물을 목적지까지 배달한다.

    □ 다. 좋아하는 물건이나 화물을 운송하여 목적지까지 도착한다.

    □ 라. 화물이나 의류를 운송하여 목적지까지 도착한다.

4) 요리사

    □ 가. 손님을 위해 멋있는 옷을 만든다.

    □ 나. 손님을 위해 맛있는 채소를 키운다.

    □ 다. 가족을 위해 맛있는 아침식사를 만든다.

    □ 라. 손님을 위해 맛있는 음식을 만든다.

5) 교사

    □ 가. 학생들의 나쁜 습관을 고쳐준다.

    □ 나. 학생들에게 다양한 지식을 가르친다.

    □ 다. 학생들에게 성경 말씀을 전한다.

    □ 라. 학생들에게 싸움의 기술을 가르친다.

6) 판사

    □ 가. 국민을 위해 공정한 태도를 취한다.

    □ 나. 정치인을 위해 공정한 태도를 취한다.

    □ 다. 정부를 위해 공정한 태도를 취한다.

    □ 라. 부자를 위해 공정한 태도를 취한다.

7) 소설가

　　□ 가. 독자들을 위해 과학기술 관련 서적을 쓴다.

　　□ 나. 독자들을 위해 신문기사를 쓴다.

　　□ 다. 독자들을 위해 소설책을 쓴다.

　　□ 라. 독자들에게 경제 관련 데이터를 제공한다.

8) 건축가

　　□ 가. 효율적이고 참신한 교과서를 만든다.

　　□ 나. 흥미롭고 복잡한 전자제품을 설계한다.

　　□ 다. 실용적이고 안전한 기계를 설계한다.

　　□ 라. 실용적이고 아름다운 건축물을 설계한다.

02 위의 직업을 가진 사람들은 무엇을 통해 돈을 버는가?

　　□ 가. 시간과 노동

　　□ 나. 생명과 지혜

　　□ 다. 자유와 양심

　　□ 라. 청춘과 패기

03 지금까지 문제를 풀면서 무엇을 깨달았는가?

　　□ 가. 일하지 않고 얻는 것은 없다. 즉, 소득이 있어야만 일할 수 있다.

　　□ 나. 일하지 않고 얻는 것은 없다. 즉, 일해야만 소득이 있다.

　　□ 다. 일하지 않고 얻는 것은 없으므로 일하지 않고 소득도 바라지 않는다.

　　□ 라. 일하지 않고 얻는 것은 없으므로 소득을 바라지 않고 일해야 한다.

2 부모님의 직업을 알자

직업이란 인생의 가치이자 인생의 즐거움이요, 행복의 원천이다. 어떤 직업이라도 사회에서는 반드시 필요하고 도움이 되므로 사회에 유익한 일을 위해 최선을 다해야 한다. 그렇기 때문에 부모님의 일이 무엇인지 알고 관심을 가져야 한다.

부모님의 직업, 근무환경, 근무 시간 등에 대해 생각해보고 알아낸 것을 적어보자.

_____

_____

3 직업이란 무엇인가?

항상 최선을 다해 일하는 대장장이가 있었다. 그가 만든 쇠사슬은 매우 튼튼해서 큰 배의 정박용 닻에 사용되었다. 그런데 어느 칠흑 같은 밤에 강풍과 거센 파도가 배들을 덮쳤다. 다른 사람들이 만든 쇠사슬은 모두 끊어졌지만, 그가 만든 쇠사슬은 바위처럼 흔들림없이 안전하게 배를 고정시켰고 백여 명의 승객과 선원들의 목숨을 구했다. 태풍이 지나가자 모든 승객과 선원들은 그들의 안전을 지켜준 대장장이에게 크게 감사했다. 그 일이 있은 후 대장장이는 전국적으로 유명해졌고 더 많은 쇠사슬을 팔아 큰 부자가 되었다.

01 대장장이가 하는 일은 무엇인가?

　　□ 가. 튼튼한 배를 만든다.

　　□ 나. 튼튼한 구명보트를 만든다.

　　□ 다. 튼튼한 쇠사슬을 만든다.

　　□ 라. 튼튼한 바위를 만든다.

02 대장장이는 어떤 태도로 일했는가?

　□ 가. 불성실하게 일한다.

　□ 나. 불평하며 일한다.

　□ 다. 단숨에 해치운다.

　□ 라. 최선을 다한다.

03 다른 배들의 쇠사슬은 모두 끊어졌지만 최선을 다한 대장장이의 쇠사슬은 어떻게 됐는가?

　□ 가. 바위처럼 튼튼했다.

　□ 나. 쉽게 끊어졌다.

　□ 다. 효력을 잃었다.

　□ 라. 형편없이 끊어졌다.

04 대장장이는 어떻게 더 많은 쇠사슬을 팔 수 있었는가?

　□ 가. 쇠사슬은 닻에 달았기 때문에

　□ 나. 전국적으로 유명해졌기 때문에

　□ 다. 선박에 있는 모든 사람들이 감사했기 때문에

　□ 라. 자신의 일에 최선을 다했기 때문에

05 최선을 다한 대장장이의 이야기는 우리에게 어떤 교훈을 주는가? (정답을 모두 고르세요)

　□ 가. 다른 사람보다 자신이 더 똑똑하다.

　□ 나. 많은 돈을 벌어 호화로운 생활을 한다.

　□ 다. 자신의 기술력에 대해 만족감을 얻는다.

　□ 라. 사회에 대한 공헌을 통하여 자신의 가치를 증명한다.

　□ 마. 일을 잘하여 전국적으로 유명해진다.

　□ 바. 열심히 일한 대가로 돈을 번다.

□ 사. 다른 사람들을 감동시킨다.

□ 아. 기타 _____

4 간단한 집안일부터 시작하자

우리는 부모님이 주는 용돈을 당연하다고 생각하면 안 된다. 또 평생 받을 수 있다고 생각해서도 안 된다. 가족의 한 사람으로서 자신이 할 수 있는 집안일을 해서 부모님을 도와드려야 한다. 예를 들어 책가방, 책상, 침대 등 자신의 방과 물건을 정리하고 자신이 할 수 있는 일은 최대한 도와드려야 한다. 이렇게 집안일을 도와야만 '뿌린만큼 거둔다'는 말의 의미를 알게 되고 용돈도 벌 수 있다. 결국 일과 돈의 관계에 대해서 깨닫게 된다.

반드시 해야 하는 일(대가가 없는 일)에는 ○를, 추가로 하는 일(대가가 있는 일)에는 △ 표시하세요.

이불개기	( )	설거지하기	( )
세차하기	( )	공부하기	( )
쓰레기 버리기	( )	숙제하기	( )
마당 청소하기	( )	서류전달	( )
거실 청소하기	( )	먼지털기	( )
물건 옮기기	( )	유리창 닦기	( )
화장실 청소하기	( )	서류 정리하기	( )
침대 정리하기	( )	창고 정리	( )
빨래하기	( )	옷 정리	( )
벽지바르기	( )	수도관 고치기	( )
가구 꾸미기	( )	신문배달	( )

＊참고

추가로 하는 일은 공부시간, 휴식시간, 그리고 반드시 해야 하는 일에 영향을 끼쳐서는 안 된다

5 부모님은 대가를 바라지 않는다

01 다음의 내용은 부모님이 우리에게 해주는 일이다. 일의 대가가 없는 것은 무엇인가? (정답을 모두 고르세요)

☐ 가. 학교공부

☐ 나. 옷사기

☐ 다. 가르침

☐ 라. 병원가기

☐ 마. 오락하기

☐ 바. 학교에 같이 가기

☐ 사. 음식

☐ 아. 잠자리

02 그렇다면 우리는 어떻게 보답해야 하는가? (정답을 모두 고르세요)

☐ 가. 부모님께 감사드린다.

☐ 나. 부모님을 존경한다.

☐ 다. 부모님께 효도한다.

☐ 라. 부모님을 기억하지 않는다.

☐ 마. 부모님을 이해한다.

☐ 바. 부모님께 관심을 가진다.

☐ 사. 부모님을 용서한다.

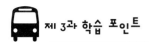 제 3과 학습 포인트

✓ 돈은 사회에 유익한 일을 함으로써 얻을 수 있다.

✓ 일은 자신의 특기를 활용해 사회에 공헌함으로써 돈 버는 것을 말한다.

✓ 추가적인 일을 통해 용돈도 벌고 사회에서 살아가는 방법을 배운다.

✓ 부모님은 우리를 위해 돈을 받지 않고 많은 일을 한다. 우리는 부모님께 감사하고 존경하고 효도해야 한다.

4 | 돈을 벌다 (2)

돈은 정당한 방법으로 벌고 소중하게 써야 한다

여러분은 한 달에 얼마나 벌 수 있을까? 여러분은 용돈을 받거나 방학과 방과 후 자유 시간을 이용해 아르바이트를 할 수도 있다. 자신의 힘과 노력으로 현재 살고 있는 주변에서 필요한 일을 찾아내어 자신의 돈 버는 일로 삼아야 한다. 이것은 우리에게 즐거움과 돈 버는 기회를 주며 좋은 학습경험을 쌓는 기회가 된다.

1 리바이스 청바지 이야기

1850년 미국 서부에서는 금광산업이 한창이었다. 그때 19세 밖에 안 되는 독일 이민자 리바이 스트라우스라는 사람도 금을 찾아 샌프란시스코로 갔다. 수천만 명의 금을 캐러 온 사람들을 보는 순간, 그에게는 다른 생각이 떠올랐다. 금 캐는 일로 큰 돈을 벌 수 있겠지만 이렇게 많은 사람들에게 생활용품을 파는 장사도 좋은 돈벌이라고 생각했다. 그는 곧바로 생활용품을 파는 가게를 열었다. 그러던 중 그는 금을 캐는 광부들의 바지가 늘 흙탕물에 젖어 쉽게 닳는다는 것을 알게 되었다. 리바이 스트라우스는 배의 돛을 만드는 천으로 바지를 만들었고 얼마 되지 않아 불티나게 팔리는 인기상품이 되었다. 이것이 바로 최초의 청바지다. 그 뒤로 청바지는 카우보이 스타일 복장으로 디자인되어 전 세계에서 붐을 일으키게 되었으며 리바이 스트라우스도 큰 부자가 되었다.

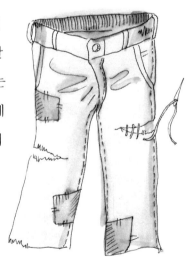

01 1850년 미국 서부에서 무엇이 발견되었는가?

    ☐ 가. 다이아몬드

    ☐ 나. 금

    ☐ 다. 은

    ☐ 라. 보석

02 수천만 명의 사람들이 샌프란시스코에 금을 캐러 왔을 때 리바이 스트라우스는 무엇을 생각했는가?

    ☐ 가. 금 캐는 사람들에게 공책 같은 문구용품을 판다.

    ☐ 나. 금 캐는 사람들에게 옷 같은 생활용품을 판다.

    ☐ 다. 금 캐는 사람들에게 식기 같은 주방용품을 판다.

    ☐ 라. 금 캐는 사람들에게 여행가방 같은 여행용품을 판다.

03 그 후 리바이 스트라우스는 광부들의 바지에서 무엇을 알게 되었는가?

    ☐ 가. 쉽게 더러워진다.

    ☐ 나. 쉽게 색이 빠진다.

    ☐ 다. 쉽게 늘어난다.

    ☐ 라. 쉽게 닳는다.

04 리바이 스트라우스는 광부들을 위해 어떤 바지를 만들었는가?

    ☐ 가. 돛을 만드는 천으로 잘 닳지 않는 청바지를 만들었다.

    ☐ 나. 일반 천으로 잘 닳지 않는 청바지를 만들었다.

    ☐ 다. 벨벳으로 잘 닳지 않는 청바지를 만들었다.

    ☐ 라. 비단으로 잘 닳지 않는 청바지를 만들었다.

05 리바이 스트라우스의 청바지는 전 세계에서 어떤 유행을 만들었는가?

☐ 가. 미국에 면바지를 유행시켰다.

☐ 나. 미국에서 카우보이 스타일 복장을 유행시켰다.

☐ 다. 전 세계에서 카우보이 스타일 복장을 유행시켰다.

☐ 라. 전 세계에서 면바지를 유행시켰다.

06 리바이 스트라우스는 어떻게 부자가 되었는가?

☐ 가. 노동자들에게 생활용품을 팔 수 있는 기회를 잡았다.

☐ 나. 노동자들에게 유행상품을 팔 수 있는 기회를 발견했다.

☐ 다. 아무도 모르는 금광을 발견했다.

☐ 라. 광부들이 만족할 수 있는 환경을 만들었다.

2 어떻게 창업할 것인가?

세계의 많은 기업가들이 창업하게 된 계기는 사물에 대한 남다른 열정이 있었기 때문이다. 그들은 어릴 때부터 사물에 대한 연구와 돈버는 방법을 경험했다. 지금부터 자신의 특기와 취미, 그리고 자신만의 예리한 관찰력으로 사람들이 무엇을 원하는지 생각해보자.

01 세계의 많은 기업가들이 창업을 하게 된 계기는 무엇인가?

☐ 가. 취미

☐ 나. 열정

☐ 다. 특기

☐ 라. 경험

02 새로운 사업을 개척하려면 무엇이 필요한가?

    □ 가. 열정과 재산

    □ 나. 특기와 외모

    □ 다. 성격과 열정

    □ 라. 흥미와 특기

03 새로운 사업을 개척하려면 어떤 점에 주목해야 할까?

    □ 가. 환경

    □ 나. 인구

    □ 다. 시설

    □ 라. 수요

04 사업은 자신의 재능을 발휘할 수 있는 좋은 기회일 뿐만 아니라 행복과 경험을 얻고 돈도 벌 수 있다. 다음의 내용을 참고로 자신이 할 수 있는 것과 그 일을 통해 무엇을 얻을 수 있는지 적어보자.

작은 장식품을 만든다. _____

악기를 연주하는 방법을 가르친다. _____

시간제로 아이를 돌봐준다. _____

낡은 책을 판다. _____

컴퓨터를 가르친다. _____

물품을 구입한다. _____

화장을 한다. _____

영어를 가르친다. _____

어린이에게 과외를 한다. _____

3 나만의 사업계획서를 써보자

인간의 지혜와 잠재적 재능은 실천에서 나온다. 지금부터 작은 사업을 시작한다면 앞으로의 사회생활에 더없이 유익한 경험을 하게 될 것이다. 여러분의 시작을 돕기 위해 나만의 사업계획서를 적어보자. 모든 문항에 대해 깊이 생각해보고 꼼꼼하게 작성해야 한다. 또한 이를 좋은 추억으로 기억해두기 바란다.

사업계획서

선택한 분야 _____

누구에게 팔 것인가? _____

필요한 금액 (도구, 재료 등)

_____

제품을 어떻게 알릴 것인가?

_____

_____

_____

_____

_____

서비스 내용

_____

_____

_____

_____

예상수입

_____

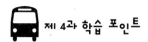 제 4과 학습 포인트

√ 사업의 가장 중요한 역할은 고객을 만족시키고 문제를 해결해주는 것 이다.

√ 자기의 재능과 취미에 따라 제품과 서비스를 제공해야 한다.

√ 사업계획서는 사업을 시작하는 절차를 이해할 수 있도록 도와준다.

돈을 잘 쓰자 (1)

돈 아껴 쓰기 : 작은 구멍도 큰 배를 침몰시킬 수 있다

우리의 의식주에 필요한 돈은 부모님이 관리하시기 때문에 돈에 대한 부담이 전혀 없다. 하지만 우리에게 많은 용돈이나 돈을 버는 다른 방법이 있더라도 합리적으로 돈을 쓰는 계획을 하지 않으면 돈은 언젠가 바닥난다. 부모님에게 받은 용돈은 부모님이 열심히 일해서 번 돈이므로 우리는 돈을 아껴 쓰는 방법, 합리적으로 쓰는 방법을 배우고 익혀야 한다. 이와 같은 알뜰한 소비습관은 앞으로 우리가 부모님과 같이 지내지 않을 때 돈을 합리적으로 쓰고 모을 수 있도록 도와줄 것이다.

1 우리는 소비자인가?

만약 우리가 상품을 구입한다면 우리는 소비자가 된다. 소비자란 상품을 구입하거나 서비스를 받는 사람을 가리킨다. 이처럼 우리는 돈으로 필요한 상품을 구매할 수도 있고 필요한 서비스를 받을 수도 있다.

01 다음 중 청소년이 소비할 만한 것은 무엇인가?

☐ 가. 간식

☐ 나. 의류 및 액세서리

☐ 다. 책, 잡지와 만화책

☐ 라. 선물

☐ 마. 문구

☐ 바. CD

☐ 사. 컴퓨터게임, 장난감과 스티커

□ 아. 신발

□ 자. 차비

□ 차. 영화관, PC방 사용료

□ 카. 기타 _____

2 필요한 것인가, 아니면 갖고 싶은 것인가?

필요하지 않은 것을 사지 않고 합리적인 소비를 하려면 우리는 반드시 '필요한 것'과 '갖고 싶은 것'을 구분해야 한다.

• 필요한 것 : 음식, 옷, 교육과 같이 일상생활에 반드시 필요한 것들
• 갖고 싶은 것 : 장난감, 만화책과 같이 꼭 필요하진 않지만 갖고 싶은 것들

01 다음 항목에 대해서 '필요한 것'인지 '갖고 싶은 것'인지 √표시하세요.

	필요한 것	갖고 싶은 것
교복	□	□
책가방	□	□
구두	□	□
명품구두	□	□
점심식사	□	□
간식	□	□
군것질	□	□
만화책, 잡지책	□	□
영어공부	□	□
바이올린 배우기	□	□
교과서	□	□
도시가스비	□	□
학용품	□	□
캐릭터 스티커	□	□

02 '필요한 것'과 '갖고 싶은 것'은 어떻게 소비해야 하는가?

　□ 가. '필요한 것'을 소비한 다음 남은 돈으로 '갖고 싶은 것'을 소비한다.

　□ 나. '갖고 싶은 것'을 소비한 다음 남은 돈으로 '필요한 것'을 소비한다.

　□ 다. '필요한 것'과 '갖고 싶은 것'을 동시에 소비한다.

　□ 라. 상황에 따라 소비한다.

3 합리적인 구매를 하자

　만약 과자가 먹고 싶으면 우리는 별다른 생각 없이 사먹을 것이다. 그것은 과자의 값이 싸서 간단하게 결정할 수 있기 때문이다. 그러나 운동화, 게임기 처럼 가격이 비싼 물건을 구입하려면 가지고 있는 돈으로 최대한 가치 있는 물건을 구매할 줄 알아야 한다. 만약 합리적으로 구매하지 못했다면 돈을 낭비한 것이다. 따라서 다음의 순서대로 따져 보고 구매해야 한다.

참고

　필요한 것을 따져 본다 → 상품을 조사한다 → 상품을 비교한다 → 상품을 구매한다

01 합리적인 구매란 무엇인가?

　□ 가. 돈 쓰는 계획을 잘 세워 새로 디자인된 상품을 구매한다.

　□ 나. 돈 쓰는 계획을 잘 세워 가장 가격이 싼 상품을 구매한다.

　□ 다. 돈 쓰는 계획을 잘 세워 가장 가치 있는 상품을 구매한다.

　□ 라. 돈 쓰는 계획을 잘 세워 가장 가격이 비싼 상품을 구매한다.

02 합리적인 구매를 하면 어떤 점이 좋은가?

　□ 가. 더 많은 돈을 늘릴 수 있다.

　□ 나. 더 많은 돈을 벌 수 있다.

CHAPTER 5

□다. 많은 돈을 쓸 수 있다.

□라. 많은 돈을 절약할 수 있다.

03 현명한 소비자가 되려면 몇 가지 절차가 필요한가?

□가. 3

□나. 4

□다. 5

□라. 6

04 가치 있는 상품을 사려 할 때 무엇을 고려해야 하는가? (정답을 모두 고르세요)

□가. 언제까지 쓸 수 있는가?

□나. 이것이 언제 필요한가?

□다. 왜 이것을 사는가?

□라. 어디에 쓰이는가?

□마. 얼마나 자주 사용하는가?

□바. 유행하는 것인가?

□사. 언제 사야 가장 경제적일까?

□아. 기타 _____

05 필요한 것을 사려 할 때 무엇을 조사해야 하는가? (정답을 모두 고르세요)

□가. 다른 사람의 의견과 평가를 듣는다.

□나. 상품의 광고가 마음에 드는지 평가한다.

□다. 같은 상품을 파는 가게가 얼마나 많은지 알아본다.

□라. 상품의 원산지를 알아본다.

□마. 모든 브랜드 상품의 장점을 비교한다.

□바. 모든 브랜드 상품의 가격을 비교한다.

□사. 기타 _____

06 필요한 것을 사기로 결정한 다음 비교해야 할 것은? (정답을 모두 고르세요)

☐ 가. 다른 가게의 상품과 비교한다.

☐ 나. 다른 상품의 질과 비교한다.

☐ 다. 다른 가게와 가격을 비교한다.

☐ 라. 인터넷으로 살 것인지 가게에서 살 것인지 비교한다.

☐ 마. 가게 주인의 예의와 상품에 대한 지식을 비교한다.

☐ 바. 가게 주인의 용모와 옷차림을 비교한다.

☐ 사. 가게 주인의 성별과 연령을 비교한다.

☐ 아. 기타 _____

07 백화점에서 상품구매를 결정했다면 어떤 점을 확인해야 하는가? (정답을 모두 고르세요)

☐ 가. 상품이 마음에 안 들 때 반품이 가능한지 알아본다.

☐ 나. 상품의 부속품이 모두 있는지 확인한다.

☐ 다. 상품에 이상이 없는지 시험해 본다.

☐ 라. 다른 혜택이 있는지 알아본다.

☐ 마. 품질보증서를 확인한다.

☐ 바. 영수증과 계산서를 확인한다.

☐ 사. 상품의 포장을 확인한다.

☐ 아. 기타 _____

4 연습문제

01 장난감 자동차가 하나에 5,000원일 때 25% 할인을 하면 얼마인가?

☐ 가. 3,500원

☐ 나. 3,750원

☐ 다. 4,000원

☐ 라. 4,750원

02 티셔츠 한 벌의 가격은 10,000원이고 두 벌을 사면 두 번째 티셔츠는 반값에 판다고 한다. 티셔츠 두 벌 구매하는 데 드는 돈은 얼마인가?

　□ 가. 15,000원

　□ 나. 16,000원

　□ 다. 17,000원

　□ 라. 18,000원

03 초콜릿 6개의 가격이 1,800원이라면 초콜릿 한 개의 가격은 얼마인가?

　□ 가. 200원

　□ 나. 250원

　□ 다. 300원

　□ 라. 350원

04 과자 네 봉지의 가격이 2,000원이라면 한 봉지의 가격은 얼마인가?

　□ 가. 500원

　□ 나. 600원

　□ 다. 700원

　□ 라. 800원

05 구두를 사려 한다면 어떤 점을 생각해야 하는가? (정답을 모두 고르세요)

　□ 가. 가격

　□ 나. 편안함

　□ 다. 색상

　□ 라. 디자인

　□ 마. 품질

　□ 바. 생산지

　□ 사. 유명한 연예인이 광고했는지 여부

　□ 아. 기타 _____

다음 표는 여러 핸드폰을 비교한 것이다. 가로줄은 핸드폰의 모델이고, 세로줄은 분석내용이다. 평가는 5점 만점으로 분석내용에 가장 적합한 것에 5점, 가장 적합하지 않은 것에 1점을 주는 방식으로 진행된다. 그리고 모든 점수를 합한 총점이 높은 모델을 좋은 핸드폰으로 최종평가한다.

분석내용 \ 모델	W	X	Y	Z
가격은 싼가?	5	3	4	3
최신 디자인인가?	4	5	2	1
기능은 다양한가?	5	4	2	4
크기는 작은가?	1	4	5	3
색상은 다양한가?	4	3	4	4
A/S는 잘되는가?	5	5	3	2
총 점	28	26	24	21

06 위의 표에서 가장 싼 모델은 무엇인가?

□ 가. W

□ 나. X

□ 다. Y

□ 라. Z

07 위의 표에서 가장 크기가 작은 모델은 무엇인가?

□ 가. W

□ 나. X

□ 다. Y

□ 라. Z

08 위의 표에서 가장 최신 디자인의 모델은 무엇인가?

☐ 가. W

☐ 나. X

☐ 다. Y

☐ 라. Z

09 위의 표에 따른다면 어느 모델을 구입해야 할까?

☐ 가. W

☐ 나. X

☐ 다. Y

☐ 라. Z

제 5과 학습 포인트

✓ 돈은 먼저 '필요한 것'에 쓴 다음 '갖고 싶은 것'에 쓴다.

✓ 합리적인 구매란 가장 가치 있는 물건을 사는 것이다.

✓ 합리적인 구매의 네 가지 절차

필요한 것 생각하기 → 상품조사 → 상품비교 → 상품구매

돈을 잘 쓰자 (2)

가치있는 것에 돈을 쓰는 지혜를 길러야 한다

우리는 하루에 수없이 많은 광고를 본다. TV, 잡지, 신문, 옥외광고, 버스, 인터넷 등에는 광고가 넘쳐난다. 이처럼 우리는 광고의 홍수 속에서 살고 있으며 광고에 쉽게 현혹되곤 한다. 만약 돈에 대한 올바른 가치관과 소비습관이 없다면 광고를 있는 그대로 믿고 광고의 유혹에 쉽게 넘어갈 것이다.

1 왜 광고를 할까?

01 일반적으로 광고는 어떤 내용을 포함하고 있을까? (정답을 모두 고르세요)

☐ 가. 사람들이 상품을 사도록 한다.

☐ 나. 사람들을 유혹한다.

☐ 다. 사람들에게 벌을 준다.

☐ 라. 사람들을 설득한다.

☐ 마. 사람들을 일깨워준다.

☐ 바. 사람들을 변화시킨다.

☐ 사. 사람들이 상품을 사지 않도록 한다.

☐ 아. 사람들을 포기하게 한다.

02 광고는 사람들이 무엇을 하도록 하는가?

☐ 가. 시간을 보내게 한다.

☐ 나. 휴식을 하게 한다.

☐ 다. 반성하게 한다.

☐ 라. 상품을 사게 한다.

03 광고는 사람의 어떤 심리와 관련 있는가? (정답을 모두 고르세요)

☐ 가. 걱정

☐ 나. 꿈

☐ 다. 희망

☐ 라. 분노

☐ 마. 호기심

☐ 바. 놀람

☐ 사. 허영심

☐ 아. 욕심

2 광고에 속지 말자

대부분의 소비는 광고를 통해 보고 듣고 읽은 정보에 의해 결정된다. 많은 상품의 광고들은 소비자에게 필요한 것인지 충분한 돈이 있는지에 관계없이 모든 수단을 동원해 끊임없이 소비자들을 유혹한다. 때문에 우리는 광고에 현혹되거나 함정에 빠지지 않도록 정신을 똑바로 차려야 한다.

01 다음은 광고에서 사용하는 방법들이다. 이와 같은 광고를 접하고 무엇을 생각해야 하는가? (정답을 모두 고르세요)

1) 유명한 연예인이 추천했다.

  ☐ 가. 그 연예인은 내가 좋아하는 사람인가?

  ☐ 나. 그 연예인은 광고하는 상품을 사용해보았을까?

  ☐ 다. 그 연예인은 아름답고 뛰어난가?

  ☐ 라. 그 연예인은 돈을 받고 그 제품을 추천할 뿐이다.

  ☐ 마. 상품이 그 연예인에게는 도움이 되겠지만, 나에게도 꼭 필요한 것일까?

  ☐ 바. 그 연예인이 광고상품에 대한 전문지식을 가지고 있는가?

2) 우리상품이 최고다.

  ☐ 가. 어떤 증거가 있는가?

  ☐ 나. 어떤 장점이 있는가?

  ☐ 다. 누가 증명할 것인가?

  ☐ 라. 포장이 눈에 띄는가?

  ☐ 마. 어떤 사람들이 사용했는가?

  ☐ 바. 알려진 브랜드인가?

3) 최신 유행이다.

  ☐ 가. 유행이 지나도 쓸 수 있을까?

  ☐ 나. 품질은 좋은가?

  ☐ 다. 가격은 적당한가?

  ☐ 라. 유행이 빨리 없어지지는 않을까?

  ☐ 마. 몇 년이 지나도 유행이 될 수 있을까?

  ☐ 바. 상품이 실용적인가?

4) 그림같이 경치 좋은 곳에서 이 음료를 마시면 우아하고 아름다운 분위기를 만들 수 있다.

    ☐ 가. 상품의 용도와 분위기는 어떤 관계가 있는가?

    ☐ 나. 상품은 영양가가 있는가?

    ☐ 다. 상품이 그림같이 아름다운 환경에서 만들어졌는가?

    ☐ 라. 상품이 그림같이 아름다운 나라에서 만든 것인가?

    ☐ 마. 그 음료를 마시면 부드럽고 우아한 분위기를 만들 수 있는가?

    ☐ 바. 그림같이 아름다운 곳에서만 그 음료를 마셔야 하는가?

5) 쉽게 따라 할 수 있는 광고음악과 광고문구

    ☐ 가. 가사를 기억하기 쉬운가?

    ☐ 나. 광고문구를 알아보기 쉬운가?

    ☐ 다. 상품에 대한 구체적인 정보가 있는가?

    ☐ 라. 상품에 특별한 장점이 있는가?

    ☐ 마. 광고음악은 스타가수가 부른 음악인가?

    ☐ 바. 광고문구가 읽기 쉬운가?

6) 이 운동화를 신으면 유명한 농구 선수처럼 될 수 있다는 과장 광고

    ☐ 가. 그 운동화의 품질은 좋은가?

    ☐ 나. 그 농구선수의 인기는 어떠한가?

    ☐ 다. 그 운동화를 신으면 정말 뛰어난 기술을 발휘할 수 있을까?

    ☐ 라. 그 농구선수는 얼마동안 연습하여 그런 기술을 배웠을까?

    ☐ 마. 그 농구선수는 내가 좋아하는 선수인가?

    ☐ 바. 그 농수선수는 미국에서 왔는가?

7) 가장 싼 가격

　□가. 정말 가장 싼 것인가?

　□나. 가장 싸다는 증거가 있는가?

　□다. 어느 상품이 가장 싼 것인가?

　□라. 그 상품이 나를 만족시키는가?

　□마. 유행이 지나서 상품의 가격이 떨어진 것이 아닐까?

　□바. 싼 물건을 사면 부끄럽지 않을까?

8) 할인, 사은품 증정, 추첨과 같은 판촉행사

　□가. 행사기간이 정해져 있는가?

　□나. 할인하는 상품은 우리에게 필요한 것인가?

　□다. 행사물품에 특별한 제한과 조건이 있는가?

　□라. 당첨 확률이 높은가?

　□마. 사은품에 포함된 상품을 유효기간 내에 다 쓸 수 있는가?

　□바. 상품의 판매가격이 이미 인상된 것이 아닌가?

9) 유명 브랜드

　□가. 브랜드에 대한 광고가 마음에 드는가?

　□나. 유명 브랜드를 광고하는 사람이 나의 우상인가?

　□다. 유명 브랜드를 사용하면 품위가 있어 보이는가?

　□라. 품질은 우수한가?

　□마. 제품에는 문제가 있는가?

　□바. 유명상품의 생산지는 내가 좋아하는 나라인가?

10) 만화캐릭터가 그려진 가방

　□가. 만화캐릭터가 그려진 가방이 가치 있는가?

　□나. 만화캐릭터가 그려진 가방의 품질은 어떠한가?

□ 다. 만화캐릭터가 그려진 가방의 내구성은 어떠한가?

□ 라. 만화캐릭터가 그려진 가방의 원자재는 특별히 좋은가?

□ 마. 만화캐릭터가 그려진 가방은 언제나 나를 즐겁게 하는가?

11) 당첨된 상품

　　□ 가. 당첨행사를 여는 회사

　　□ 나. 당첨된 년도

　　□ 다. 당첨된 항목

　　□ 라. 당첨상품을 나누어 주는 사람

　　□ 마. 당첨상품을 나누어 주는 지점

　　□ 바. 추첨행사용 상품

3 상대적 가치를 따져보자

　　'상대적 가치' 란 상품의 가치를 평가할 때 자신과 다른 사람이 상품을 사는 데 쏟은 '시간' 과 '노력' 을 비교해 평가하는 것이다. 다시 말하면 우리가 상품의 구매결정을 할 때 상품을 사는 데 쓴 돈이 합리적인지 현명한 구매를 했는지 상대적 가치에 따라 평가할 수 있다.

01 매주 용돈을 2,500원 받는 어린이가 가격이 125,000원짜리 구두를 구매하고자 한다면 몇 주를 모아야 하는가?

　　□ 가. 40주

　　□ 나. 50주

　　□ 다. 60주

　　□ 라. 80주

02 시간당 2,500원을 버는 형이 가격이 250,000원짜리 전자 게임기를 구매하고 자 한다면 몇 시간을 일해야 하는가?

☐ 가. 80시간

☐ 나. 90시간

☐ 다. 100시간

☐ 라. 110시간

03 매일 37,500원을 버는 어머니가 가격이 375,000원짜리 유명 브랜드 핸드백을 구매하고자 한다면 며칠을 일해야 하는가?

☐ 가. 7일

☐ 나. 8일

☐ 다. 9일

☐ 라. 10일

4 충동구매를 하지 말자

만약 여러분은 마음에 드는 물건을 만났다면 바로 구매하는가? 가끔 계획하지 않은 물건을 구매하는가? 또 자주 사용하지 않거나 필요 없는 물건을 구매하는가? 만약 그렇다면 여러분은 충동구매자라고 할 수 있다. 충동구매자들은 항상 자신도 모르게 귀중한 돈을 낭비하고, 심할 경우 저축했던 돈 전부를 써버리고 만다.

01 다음 중 '충동구매' 를 억제할 수 있는 방법은 무엇인가?

☐ 가. 첫 눈에 반하면 바로 구매하지 말고, 먼저 자리를 뜬 다음 생각해본다.

☐ 나. 최소한 세 군데의 가게에서 물건의 가격을 비교한다.

☐ 다. '가지고 싶은 것' 인지 아니면 '필요한 것' 인지 꼼꼼히 생각해본다.

☐ 라. 쇼핑 하기 전에 먼저 구매해야 할 내용을 적고, 적은 내용만 구매한다.

☐ 마. 예산을 정하고 예산대로 돈을 쓴다.

☐ 바. 구매계획에 필요한 돈만 가지고 다닌다.

□ 사. 저축목표를 세우고 엄격하게 실행한다.

□ 아. 다른 사람들과 무조건 비교하지 말고 가지고 있는 돈의 범위 안에서 소비한다.

 제 6과 학습 포인트

√ 광고는 사람들이 소비하게 만든다.

√ 상품 구매 시 광고에 현혹되지 말고 품질, 내구성, 실용성 및 가격을 따져야 한다.

√ 상대적 가치란 지출한 '시간'과 '노력'으로 물건의 가치를 평가하는 것이다.

√ 충동구매는 소중한 돈을 낭비하게 한다. 그렇기 때문에 우리는 자기에게 맞는 방법으로 충동구매를 억제해야 한다.

돈을 저축하다 (1)

적은 돈이 모여 많은 재산이 된다

재산이란 나무처럼 작은 씨앗에서 시작된다. 여러분이 저축한 적은 돈은 '재산 나무'의 씨앗과도 같다. 적은 돈이라도 끊임없이 저축한다면, 머지않아 재산 나무의 그늘 밑에서 행복을 누리게 될 것이다.

1 존 록펠러의 이야기

미국의 석유 왕 존 록펠러는 세계에서 가장 먼저 10억 달러를 가진 억만장자였다. 또 그는 전 세계에서 규모가 제일 큰 복지기구의 창시자로, 기부한 돈만 7억 5천만 달러나 된다. 맨손으로 창업한 그는 특유의 패기와 날카로움, 넓은 시각으로 조금씩 자신의 거대한 상업제국을 만들었다. 근검절약한 어머니를 본받아 그도 평생 근검절약을 좌우명으로 삼았다. 예를 들면 견습직원들에겐 절대로 많은 보너스를 주지 않았으며, 적은 돈도 쓰지 않았다. 또 수억 달러를 기부하면서도 자신은 1달러도 헛되게 쓰지 않았다. 이것이 바로 존 록페러를 큰 부자로 만든 힘이다.

01 존 록펠러는 어떤 사업을 했는가?

☐ 가. 자동차

☐ 나. 석유

☐ 다. 컴퓨터

☐ 라. 의류

02 존 록펠러는 얼마를 가진 세계의 첫 번째 부자인가?

    ☐ 가. 10억 달러

    ☐ 나. 11억 달러

    ☐ 다. 12억 달러

    ☐ 라. 13억 달러

03 존 록펠러가 사회의 복지를 위해 기부한 돈의 액수는 얼마인가?

    ☐ 가. 4.5억 달러

    ☐ 나. 5.5억 달러

    ☐ 다. 6.5억 달러

    ☐ 라. 7.5억 달러

04 존 록펠러의 복지기구는 세계에서 몇 번째인가?

    ☐ 가. 첫 번째

    ☐ 나. 두 번째

    ☐ 다. 세 번째

    ☐ 라. 네 번째

05 존 록펠러에겐 어떤 면이 있었기에 거대한 상업제국을 만들 수 있었는가?

    ☐ 가. 검소, 넓은 시각, 게으름

    ☐ 나. 패기, 노력, 게으름

    ☐ 다. 패기, 넓은 시각, 날카로움

    ☐ 라. 패기, 좁은 시각, 노력

06 존 록펠러의 어머니는 어떤 사람이었는가?

　　☐ 가. 일생동안 모험을 했다.

　　☐ 나. 일생동안 정의를 지켰다.

　　☐ 다. 일생동안 절약했다.

　　☐ 라. 일생동안 부지런히 일했다.

07 존 록펠러가 지켜온 재산관리 원칙은 무엇인가?

　　☐ 가. 돈을 마음대로 쓰지 않고 낭비하지도 않는다.

　　☐ 나. 돈을 마음대로 쓰지 않지만 적은 돈은 낭비한다.

　　☐ 다. 돈을 마음대로 쓰면서 적은 돈은 낭비하지 않는다.

　　☐ 라. 돈을 마음대로 쓰고, 큰 돈을 낭비한다.

08 존 록펠러는 자기의 재산을 어떻게 처리했는가?

　　☐ 가. 계속 모았다.

　　☐ 나. 자녀들에게 물려주었다.

　　☐ 다. 다른 사람들에게 선사했다.

　　☐ 라. 사회에 환원했다.

2 근검절약을 배우자

　지구상의 자원은 한계가 있기 때문에 우리는 절약해야 한다. 절약은 우리 모두가 배워야 하는 미덕이다. 돈을 한 푼도 쓰지 않거나, 적게 먹고 적게 입는 것이 절약은 아니다. '절약' 이란 합리적으로 써야 할 곳에는 쓰고, 아낄 때는 아끼는 것이다. 반대로 '인색' 하다는 뜻은 돈을 쓸 곳에는 쓰지 않고, 절약하지 않아도 될 때 절약하는 것을 말한다.

01 우리는 왜 절약해야 하는가?

☐ 가. 우리가 살고 있는 지구의 자원은 한계가 있기 때문에

☐ 나. 우리가 살고 있는 지구의 자원은 특별하기 때문에

☐ 다. 우리가 살고 있는 지구의 자원은 무궁무진하기 때문에

☐ 라. 우리가 살고 있는 지구의 자원은 귀중하기 때문에

02 '절약' 이란 무엇인가?

☐ 가. 돈을 한 푼도 쓰지 않고 아낄 때는 아낀다.

☐ 나. 합리적으로 써야 할 때에는 쓰고 적게 먹고 적게 입는다.

☐ 다. 돈을 한 푼도 쓰지 않고 적게 먹고 적게 입는다.

☐ 라. 합리적으로 써야 할 때에는 쓰고 아낄 때는 아낀다.

03 '인색' 이란 무엇인가?

☐ 가. 써야 할 것은 쓰고 절약하지 말아야 할 것은 절약하지 않는다.

☐ 나. 써야 할 것도 쓰지 않고 절약하지 말아야 하는 것도 절약한다.

☐ 다. 써야 할 것은 쓰고 절약하지 말아야 하는 것도 절약한다.

☐ 라. 써야 할 것은 쓰지 않고 절약해야 할 것은 절약하지 않는다.

04 다음 중 무엇이 검소한 행동인가? (정답을 모두 고르세요)

☐ 가. 집을 나설 때 모든 전자제품과 전등의 전원을 끈다.

☐ 나. 가능한 한 식구들과 물건을 교환하거나 돌아가면서 사용한다.

☐ 다. 신용카드로 구매하여 마일리지를 적립한다.

☐ 라. 물건이 좋고 가격이 싼 재활용품을 구매한다.

☐ 마. 가치가 높은 물건을 구매한다.

☐ 바. 책을 구매하지 않고 도서관에서 빌려다 본다.

☐ 사. 여러 가지 상품권을 잘 활용한다.

☐ 아. 버스 대신 자전거를 타고 학교에 간다.

05 절약하지 않으면 결과는 어떻게 될까? (정답을 모두 고르세요)

　□ 가. 항상 충분한 돈이 없다.

　□ 나. 항상 충분한 돈이 있다.

　□ 다. 가난한 생활을 한다.

　□ 라. 자유로운 생활을 한다.

　□ 마. 돈으로부터 자유롭지 못한다.

　□ 바. 행동의 자유를 잃는다.

3 돈을 저축하자

　한 방울의 물이 모여서 넓은 바다가 되고, 한 알의 모래가 모여서 끝없는 사막이 형성되듯 동전을 모아도 많은 재산이 된다.

01 여러분이 매일 1,000원을 저축한다면 다음 기간 동안 얼마를 모을까?

1) 1년

　□ 가. 320,000원

　□ 나. 345,000원

　□ 다. 365,000원

　□ 라. 385,000원

2) 10년

　□ 가. 3,550,000원

　□ 나. 3,650,000원

　□ 다. 3,250,000원

　□ 라. 2,350,000원

3) 40년

    ☐ 가. 14,300,000원

    ☐ 나. 14,400,000원

    ☐ 다. 14,500,000원

    ☐ 라. 14,600,000원

4) 앞의 문제에서 무엇을 알게 되었는가?

    ☐ 가. 많은 재산을 모으기 위해 돈을 쓰지 말아야 한다.

    ☐ 나. 적은 돈도 모으면 많은 돈이 된다.

    ☐ 다. 절약하면 부자가 될 수 없다.

    ☐ 라. 적은 돈은 절약할 필요가 없다.

 제 7과 학습 포인트

> ✓ 절약할 줄 알아야 한다. 쓸 것은 쓰고 절약할 것은 절약한다.
>
> ✓ 번 돈을 모두 써버리면 가난한 생활밖에 할 수 없다.
>
> ✓ 적은 돈도 모으면 많은 재산이 된다.

돈을 저축하다 (2)

사람은 나이를 먹거나 위급한 상황을 대비하기 위해 저축해야 한다

'티끌 모아 태산이다' 라는 말은 적은 저축도 계속하면 많은 재산을 모을 수 있다는 뜻이다. 대부분의 큰 성공은 작은 성공부터 시작한다. 예를 들어 많은 기업가들은 말단 직원부터 시작하고 장군도 병사부터 시작한다. 고층 건물도 땅 위에 조금씩 쌓아서 짓는 것처럼 적은 돈이라도 저축하는 습관을 기르면 미래에 안락하고 행복한 생활을 누릴 수 있다.

1 왜 저축을 하는가?

저축이란 돈을 은행처럼 안전한 곳에 보관했다가 필요할 때 찾아 쓰는 것이다.

01 저축이란 무엇인가?

☐ 가. 유명한 자선단체에 돈을 기부한다.

☐ 나. 더 큰 돈을 벌 수 있는 곳에 투자한다.

☐ 다. 돈을 은행에 보관한다.

☐ 라. 가치 있는 상품을 구매한다.

02 어떤 상황에서 돈을 저축할 수 있을까?

☐ 가. 지출과 수입이 없을 때

☐ 나. 수입과 지출이 같을 때

☐ 다. 지출이 수입보다 많을 때

☐ 라. 수입이 지출보다 많을 때

03 다음 중 저축하는 이유로 적절한 것은 무엇인가? (정답을 모두 고르세요)

□ 가. 갑자기 경제위기가 닥치거나 전염병이 퍼진다.

□ 나. 갑자기 가족 중 한 명이 입원해 큰 돈을 써야 한다.

□ 다. 아버지나 어머니가 직장을 잃으셨다.

□ 라. 집이나 자동차를 사려 한다.

□ 마. 유학비를 마련한다.

□ 바. 해외여행을 간다.

□ 사. 퇴직 후를 준비한다.

□ 아. 창업을 준비한다.

□ 자. 결혼을 준비한다.

□ 차. 가구나 전자제품을 산다.

□ 카. 잠옷을 바꾼다.

□ 타. 생필품을 구매한다.

□ 파. 점심 식사를 준비한다.

2 저축은 원금을 '늘어나게' 한다

은행에 저축한 돈이 늘어나는 세 가지 요소

• 원금 : 최초 저축한 돈

• 이자 : 은행은 우리가 저축한 돈을 다른 사람이나 회사에 대출해주고 '대출이자'를 받고 은행은 우리의 돈을 사용한 대가로 이자를 지불한다.

• 시간 : 저축기간

*복리란

　최초 저축한 원금과 이자를 계속 은행에 예금할 경우, 원금은 이자를 계속 만들고 이자에 대한 이자를 또 만든다.

01 다음 중 저축금액을 늘리는 세 가지 요소는 무엇인가?

☐ 가. 원금, 이자, 예산

☐ 나. 대출, 원금, 이자

☐ 다. 원금, 이자, 시간

☐ 라. 화폐, 원금, 이자

02 원금(최초 저축한 돈)이 많을수록 저축금액은 어떻게 될까?

☐ 가. 변화 없다.

☐ 나. 적어진다.

☐ 다. 많아진다.

☐ 라. 알 수 없다.

03 저축기간이 길수록 저축금액은 어떻게 될까?

☐ 가. 많아진다.

☐ 나. 적어진다.

☐ 다. 변화 없다.

☐ 라. 알 수 없다.

04 은행이 왜 우리에게 '이자'를 지불해야 할까?

☐ 가. 우리의 돈을 다른 곳에 투자하고 손해를 봤기 때문이다.

☐ 나. 우리의 돈을 보관하고 있다가 필요할 때 꺼내 쓰기 때문이다.

☐ 다. 우리의 돈을 모아 적당한 소비를 했기 때문이다.

☐ 라. 우리의 돈을 다른 사람과 회사에 빌려 주고 '대출이자'를 받기 때문이다.

05 복리란?

□ 가. 원금과 이자를 은행에 계속 저축하여 또 다른 이자를 벌게 한다.

□ 나. 원금과 이자를 서랍에 보관하여 또 다른 이자를 벌게 한다.

□ 다. 원금과 이자를 금고에 보관하여 또 다른 이자를 벌게 한다.

□ 라. 원금과 이자를 집에 보관하여 또 다른 이자를 벌게 한다.

100원을 적금했을 때 복리 상승표(소수점이하 생략)

단위:원

기간(년)	1%	2%	3%	4%	5%	6%	7%	8%	9%	10%
1	101	102	103	104	105	106	107	108	109	110
2	102	104	106	108	110	112	114	117	119	121
3	103	106	109	112	116	119	123	126	130	133
4	104	108	113	117	122	126	131	136	141	146
5	105	110	116	122	128	134	140	147	154	161
6	106	113	119	127	134	142	150	159	168	177
7	107	115	123	132	141	150	161	171	183	195
8	108	117	127	137	148	159	172	185	199	214
9	109	120	130	142	155	169	184	200	217	236
10	110	122	134	148	163	179	197	216	237	259
11	112	124	138	154	171	190	210	233	258	285
12	113	127	143	160	180	201	225	252	281	314
13	114	129	147	167	189	213	241	272	307	345
14	115	132	151	173	198	226	258	294	334	380
15	116	135	156	180	208	240	276	317	364	418
16	117	137	160	187	218	254	295	343	397	460
17	118	140	165	195	229	269	316	370	433	505
18	120	143	170	203	241	285	338	400	472	556
19	121	146	195	211	253	303	362	432	514	612
20	122	149	181	219	265	321	387	466	560	673
21	123	152	186	228	279	340	414	503	611	740
22	124	155	192	237	293	360	443	544	666	814
23	126	158	197	246	307	382	474	587	726	895
24	127	161	203	256	323	405	507	634	791	985
25	128	164	209	267	339	429	543	685	862	1084
26	130	167	216	277	356	455	581	740	940	1192
27	131	171	222	288	373	482	621	799	1025	1311
28	132	174	229	300	392	511	665	863	1117	1442
29	133	178	236	312	412	542	711	932	1217	1586
30	135	181	243	324	432	574	761	1006	1327	1745

06 만약 이자율이 5%인 은행에 100원을 저축한다면 30년 후 적금액은 얼마인가?

☐ 가. 332원

☐ 나. 432원

☐ 다. 532원

☐ 라. 632원

07 만약 이자율이 7%인 은행에 100원을 저축한다면 10년 후 적금액은 얼마인가?

☐ 가. 187원

☐ 나. 197원

☐ 다. 207원

☐ 라. 217원

08 만약 이자율이 4%인 은행에 매년 100원씩 계속 저축한다면 10년 후 적금액은 얼마인가?

☐ 가. 1549원

☐ 나. 1449원

☐ 다. 1349원

☐ 라. 1249원

09 이자율이 4%와 10%인 두 은행에 저축하면 25년 후 적금의 차이는 몇 배인가?

☐ 가. 3배

☐ 나. 4배

☐ 다. 5배

☐ 라. 6배

3 저축목표를 세우자

저축하기 전에는 먼저 목표를 세워야 한다. 목표가 있어야 희망이 있기 때문이다. 보통 저축은 응급상황 대처, 투자 준비(투자는 더 많은 돈을 벌기 위한 것) 및 노후생활에 대처하거나, 가지고 싶은 물건을 구매하기 위한 것이다. 인생에서 자신이 저축한 돈으로 원하는 물건을 사는 일보다 더 즐거운 일이 어디 있겠는가? 때문에 우리는 어린 시절부터 저축하는 습관을 길러야 한다. 이러한 습관이야말로 부모에게 물려받은 아름다운 선물이다.

01 자신의 저축기간과 저축목표를 정하고 잘 보이는 곳에 붙여놓는다. 그리고 항상 목표달성을 하는 행복한 상상을 하며 지금 바로 저금통에 돈을 넣는다.

1) 단기목표(3개월) 예 컴퓨터게임, 자전거, 장난감 등 구매

_____

_____

_____

2) 중장기목표(1~3년) 예 컴퓨터 교체, 해외여행 준비, 악기 구매

_____

_____

_____

3) 장기목표(3년 이상) 예 이민이나 유학, 자동차 구매, 창업 준비

_____

_____

_____

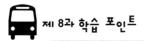

✓ 저축하는 네 가지 이유

　- 응급한 상황에 대처하기 위해

　- 노후생활을 대비하기 위해

　- 자신이 원하는 물건을 구매하기 위해

　- 투자 준비를 위해(투자된 돈은 더 많은 돈을 벌어다 준다)

　　→ 이런 것들이 준비된다면 두려운 것이 없다.

✓ 복리

　• 저축원금과 이자를 은행에 계속 저축할 때 저축원금과 이자에 계속
　　이자가 발생하는 것

✓ 저축의 목표

　• 단기, 중장기, 장기로 나눈다.

돈을 보관하다 (1)

 주머니에 구멍이 생기면, 돈을 가득 채워도 빠져 나가버린다

한 가정의 재산은 가족 모두가 노력한 결실이다. 만약 누군가 재산관리를 잘못하거나 갑자기 불행한 일이 생겨 재산을 잃는다면, 가족생활에 큰 영향을 미친다. 그렇기 때문에 우리는 조심스럽고 현명하게 자신의 재산을 보관해야 한다.

1 위험이란 무엇인가?

살다 보면 우리가 예상하지 못한 일이 일어나 큰 손해를 볼 때가 있다. 이것을 위험이라고 한다. 우리 주변에는 화재, 교통사고, 자연재해 같은 위험요소가 항상 존재한다. 위험은 시간과 장소를 가리지 않고 우리의 빈 틈을 노리고 있다. 따라서 우리는 어떠한 위험들이 있는지 미리 알고 대비해야 한다.

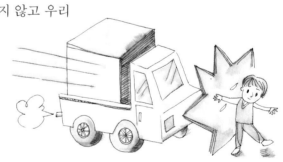

01 위험이란 무엇인가?

☐ 가. 여러 가지 과실과 돌발 상황으로 인한 실패

☐ 나. 여러 가지 예상하지 못한 사고와 예측된 상황으로 인한 손해

☐ 다. 여러 가지 예상하지 못한 사고와 돌발상황으로 인한 손해

☐ 라. 여러 가지 예상한 사고로 인한 성공

02 위험의 특징은 무엇인가?

    □ 가. 특정한 사람에게 항상 일어난다.

    □ 나. 특정한 시간에 모든 사람에게 일어난다.

    □ 다. 특정한 사람에게 가끔 일어난다.

    □ 라. 언제 어디서나 일어날 수 있다.

03 위험이란 언제 어디서나 발생할 수 있다. 다음 중 우리 일상생활에서 일어날 수 있는 위험상황은 무엇인가? (정답을 모두 고르세요)

    □ 가. 은행부도

    □ 나. 위독한 병

    □ 다. 자연재해(홍수, 화재, 산사태, 태풍, 해일, 지진 등)

    □ 라. 전쟁

    □ 마. 의외의 부상

    □ 바. 전염병

    □ 사. 다리붕괴

    □ 아. 직업을 잃음.

    □ 자. 도둑이 듦.

    □ 차. 물에 빠짐.

    □ 카. 약물중독

    □ 타. 교통사고

    □ 파. 비행기사고

    □ 하. 테러습격

04 다음은 우리가 일상생활에서 접할 수 있는 상황이다. 여러분이 생각하기에 어느 정도 위험한지 적어보자.

    ① 낮은 위험 – 안전하다.
    ② 중간정도 위험 – 어느 정도 위험하다.
    ③ 높은 위험 – 대단히 위험하다.

1) 음주운전을 한다._____

2) 혼자 수영한다. _____

3) 은행에서 돈을 훔친다. _____

4) 빨래를 한다. _____

5) 택시를 탄다. _____

6) 다이빙을 한다. _____

7) 도로에서 자전거를 탄다. _____

8) 스키를 탄다. _____

9) 비올 때 축구를 한다. _____

10) 집에서 밥을 먹는다. _____

11) 혼자 복잡한 전기제품을 수리한다. _____

12) 복습한다. _____

13) 마음대로 다이어트 약을 먹는다. _____

14) 벼락이 칠 때 나무 밑에 서 있는다. _____

15) 비 올 때 등산한다. _____

16) 유통기한이 지난 음식을 먹는다. _____

17) 돈을 은행에 저축한다. _____

18) 중병이 있어도 병원에 가지 않는다. _____

19) 암벽등반을 한다. _____

20) 전염병 환자를 방문한다. _____

21) 급류 속에서 뗏목을 탄다. _____

22) 태풍이 불 때 거리를 다닌다. _____

23) TV를 본다. _____

2 위험과 마주치다

우리는 위험을 영원히 제거할 수 없고 미리 막을 수 없다. 다만 우리는 최악의
경우를 대비해 최선의 준비를 할 뿐이다. 우리는 위험에 부딪치면 다음과 같이
네 가지를 할 수 있다.

- 위험을 피한다

  예를 들어 물에 빠지는 위험을 없애기 위해 수영을 하지 않는다.

- 위험을 줄인다

  예를 들어 자동차를 정기점검하여 고장을 줄인다.

- 위험을 받아 들인다

  손해가 크지 않다면 위험을 자체로 받아 들인다.

- 위험을 대비한다

  손해가 클 가능성이 있는 위험에 한해 보험에 가입한다.

01 위험에 어떻게 대처해야 하는가?

  □ 가. 모든 위험을 피한다.

  □ 나. 모든 위험에 대비한다.

  □ 다. 위험마다 적절한 방법으로 대비한다.

  □ 라. 어떤 위험에도 신경을 쓰지 않는다.

02 위험을 줄이려면 어떻게 해야 하는가?

  □ 가. 최선의 상황을 예상해 최악의 준비를 한다.

  □ 나. 최악의 상황을 예상해 최악의 준비를 한다.

  □ 다. 최선의 상황을 예상해 최선의 준비를 한다.

  □ 라. 최악의 상황을 예상해 최선의 준비를 한다.

03 위험에 부딪치면 어떻게 해야 하는가?

  □ 가. 피하고, 줄이고, 받아 들이고, 대비한다.

  □ 나. 피하고, 대비하고, 인정하고, 줄인다.

  □ 다. 피하고, 모른척하고, 도망가고, 줄인다.

  □ 라. 인정하고, 도망가고, 피하고, 줄인다.

04 생계를 책임진 가장이 사망해 집을 잃거나 자녀가 학교에서 중퇴하는 등의 위험에 어떻게 대처할까? (정답을 모두 고르세요)

☐ 가. 질병을 예방하기 위해 정기검진을 받는다.

☐ 나. 질병에 걸릴 확률을 낮추기 위해 운동을 꾸준히 한다.

☐ 다. 보험에 가입하여 큰 위험의 부담을 줄인다.

☐ 라. 영원히 집에 숨어 지내면서 위험을 피한다.

☐ 마. 위험한 활동에는 전혀 참가하지 않아 부상위험을 피한다.

☐ 바. 보험에 가입하여 각종 위험에 대처한다.

05 음주운전으로 인한 교통사고를 어떻게 예방할까?

☐ 가. 최대한 빨리 귀가한다.

☐ 나. 대리운전을 시킨다.

☐ 다. 술을 마시지 않는다.

☐ 라. 튼튼한 승용차로 바꾼다.

☐ 마. 운전속도를 줄인다.

☐ 바. 낮에만 운전한다.

06 학용품의 도난을 어떻게 예방할까?

☐ 가. 학용품을 위한 보험에 가입한다.

☐ 나. 영원히 학용품을 구매하지 않는다.

☐ 다. 학용품 보관에 주의한다.

☐ 라. 비싼 학용품은 구매하지 않는다.

☐ 마. 영원히 다른 사람의 학용품을 빌려 쓴다.

☐ 바. 학용품을 집에서만 쓴다.

07 여행할 때 발생할 수 있는 위험에 어떻게 대처할까?

　□ 가. 여행지의 지도와 화폐를 준비한다.

　□ 나. 여행보험에 가입한다.

　□ 다. 음식위생에 주의한다.

　□ 라. 여행용 가방을 잘 보관한다.

　□ 마. 위험한 활동에 참여하지 않는다.

　□ 바. 혼자 여행가지 않는다.

3 보험이란 무엇인가?

위험에 대비하는 방법에는 여러 가지가 있다. 그 방법 중 한 가지가 보험이다. 우리는 질병, 교통사고 같은 위험에 항상 노출되어 있다. 그렇기 때문에 우리는 보험에 가입하여 사고가 생기기 전에 준비 해야 한다. 보험에 가입하면 많은 사람들이 미리 낸 보험금을 모아 불행한 사고를 당한 회원을 도와주는 것이 보험의 원리다. 예를 들면 보험에 가입한 후 집에 화재가 발생했다면 보험회사는 일정한 보험금을 주어 집수리를 하도록 도와준다. 이처럼 보험이란 많은 사람들의 힘을 빌려 만일의 경우에 대비하는 것을 뜻한다. 보험의 종류는 다음과 같다.

• 생명보험

　가정의 생계를 책임진 사람이 사망하면 보험회사가 보상금을 지불한다.

• 의료보험

　질병 때문에 치료를 받을 경우 보험회사가 의료비용을 부담한다.

• 주택보험

　집이 자연재해로 피해를 입었을 때 보험회사가 보상금을 지불한다.

• 여행보험

　여행 중 질병이나 도둑 등으로 손실이 발생하면 보험회사가 보상해준다.

• 상해보험

　의외의 사고로 장애인이 되거나 사망했을 때 보험회사가 보상해준다.

- 공중책임보험

  업무상 다른 사람에게 피해를 줄 때 보험회사가 대신 보상해준다.

- 건강보험

  부상 또는 질병으로 인해 노동력을 상실했을 때 보험회사가 보상해준다.

01 왜 보험에 가입해야 하는가?

□ 가. 아직 발생하지 않은 의외의 사고에 대비하기 위해

□ 나. 이미 발생한 의외의 사고를 처리하기 위해

□ 다. 아직 발생하지 않은 예측가능한 사고에 대비하기 위해

□ 라. 이미 발생한 예측가능한 사고를 처리하기 위해

02 보험의 원리는 무엇인가?

□ 가. 많은 사람들의 보험금을 모은다.

만약 어떤 회원이 피해를 입지 않았다면 보상받을 수 있다.

□ 나. 많은 사람들의 보험금을 모은다.

만약 어떤 회원이 불행하게 피해를 입었다면 보상받을 수 없다.

□ 다. 많은 사람들의 보험금을 모은다.

만약 어떤 회원이 불행하게 피해를 입었다면 보상받을 수 있다.

□ 라. 몇몇 사람들의 보험금을 모은다.

만약 어떤 회원이 피해를 입지 않았다면 보상을 받는다.

03 만일 집에 도둑이 들었다면 보험회사는 우리를 어떻게 도와줄까?

□ 가. 도둑맞은 물건 값을 보상한다.

□ 나. 모든 물건 값을 보상한다.

□ 다. 도둑맞은 물건을 다시 사준다.

□ 라. 도둑맞은 물건을 찾아준다.

04 보험의 역할은 무엇인가?

☐ 가. 만일의 경우에 대비해 사람들의 힘을 빌려 똑똑한 회원을 도와준다.

☐ 나. 만일의 경우에 대비해 사람들의 힘을 빌려 용감한 사람을 도와준다.

☐ 다. 만일의 경우에 대비해 사람들의 힘을 빌려 운이 좋은 사람을 도와준다.

☐ 라. 만일의 경우에 대비해 사람들의 힘을 빌려 불행한 사람을 도와준다.

05 생명보험이란 무엇인가?

☐ 가. 가정의 생계를 책임진 사람이 병에 걸리면 보험회사가 가족에게 보상금을 준다.

☐ 나. 가정의 생계를 책임진 사람이 부상을 입으면 보험회사가 가족에게 보상금을 준다.

☐ 다. 가정의 생계를 책임진 사람이 직업을 잃으면 보험회사가 가족에게 보상금을 준다.

☐ 라. 가정의 생계를 책임진 사람이 사망하면 보험회사가 가족에게 보상금을 준다.

06 의료보험이란 무엇인가?

☐ 가. 집을 고칠 때 보험회사가 수리를 부담한다.

☐ 나. 여행할 때 보험회사가 여행비를 부담한다.

☐ 다. 질병 때문에 치료를 받을 때 보험회사가 치료비를 부담한다.

☐ 라. 공부할 때 보험회사가 교육비를 부담한다.

07 주택보험이란 무엇인가?

☐ 가. 집이 폭풍, 홍수 등의 사고로 피해를 입었다면 보상을 받는다.

☐ 나. 아끼는 물건이 폭풍, 홍수 등의 사고로 피해를 입었다면 보상을 받는다.

☐ 다. 마을이 폭풍, 홍수 등의 사고로 피해를 입었다면 보상을 받는다.

☐ 라. 가족의 행복이 폭풍, 홍수 등의 사고로 피해를 입었다면 보상을 받는다.

08 여행보험이란 무엇인가?

□ 가. 등교길에 교통사고로 피해를 입었다면 보상을 받는다.

□ 나. 여행할 때 질병, 도둑 등의 사고로 피해를 입었다면 보상을 받는다.

□ 다. 업무 중에 질병, 도둑 등의 사고로 피해를 입었다면 보상을 받는다.

□ 라. 공부 중에 질병, 도둑 등의 사고로 피해를 입었다면 보상을 받는다.

09 상해보험이란 무엇인가?

□ 가. 사고로 장애인이 되거나 사망했을 경우 보상을 받는다.

□ 나. 직장을 잃었을 경우 보상을 받는다.

□ 다. 홍수나 화재가 발생했을 경우 보상을 받는다.

□ 라. 전쟁과 태풍이 발생했을 경우 보상을 받는다.

10 공중책임보험이란 무엇인가?

□ 가. 이유 없이 다른 사람에게 피해를 입히면 보험회사가 대신 보상한다.

□ 나. 보복하기 위해 다른 사람에게 피해를 입히면 보험회사가 대신 보상한다.

□ 다. 업무상 다른 사람에게 피해를 입히면 보험회사가 대신 보상한다.

□ 라. 욕심 때문에 다른 사람이 피해를 입히면 보험회사가 대신 보상한다.

11 건강보험이란 무엇인가?

□ 가. 부상이나 질병으로 인해 학교에 못 간다면 보험회사가 대신 보상한다.

□ 나. 부상이나 질병으로 인해 부모님을 잃었다면 보험회사가 대신 보상한다.

□ 다. 부상이나 질병으로 인해 친구를 잃었다면 보험회사가 대신 보상한다.

□ 라. 부상이나 질병으로 인해 노동력을 상실하면 보험회사가 대신 보상한다.

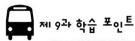 제 9과 학습 포인트

✓ 위험은 언제 어디서나 일어날 수 있으며 완전히 피하는 것은 불가능하다.

✓ 위험대처 요령

  – 위험을 피한다.

  – 위험을 줄인다.

  – 위험을 받아 들인다.

  – 위험을 대비한다.

✓ 보험이란 발생가능한 손해에 대처하는 가장 좋은 방법이다.

돈을 보관하다 (2)

빌린 돈으로 가득 찬 나의 지갑은 빈 것과 마찬가지다

앞 과에서 우리는 보험에 가입하는 등의 여러 가지 위험대처 요령을 통해 가족의 건강과 안전한 생활을 지키는 방법을 배웠다. 돈은 벌기도 어렵지만 관리하기도 쉽지 않다. 돈 관리를 잘못해 스스로 만든 함정에 빠지지 않도록 조심해야 한다. 예를 들면 도박 또는 신용카드 빚으로 재산을 탕진하여 자신의 생활과 사업에 막대한 영향을 끼쳐서는 안 된다.

1 신용카드의 함정

신용이란 믿고 빌려준다는 뜻이고, 신용카드란 먼저 돈을 쓰고 나중에 돈을 갚는 방식이다. 은행에 신용카드를 신청하면, 은행은 여러분의 경제사정을 알아보고 신용불량 기록이 없을 때 카드를 발급해준다. 신용카드로 물건을 사는 것은 은행에서 빌려 쓰는 것과 같다. 그 물건 값을 갚을 시기가 되면(20~40일 후) 신용카드를 발급해준 은행에 돈을 내야 한다. 만약 은행에 저금한 금액이 적거나 기한 내에 전부 갚지 못하면 은행은 남은 금액에 대해 비싼 연체이자를 청구한다.

신용카드 한도금액 : 4,000,000원

연 이자율 : 24~40% / 년

최저연체이자율 : 3%

01 신용카드란 무엇인가?

☐ 가. 물건을 사고 결제한 다음 은행에 갚는 외상구매 방식이다.

☐ 나. 미리 돈을 내고 물건을 나중에 사는 선불구매 방식이다.

☐ 다. 물건을 산 다음 가게에 돈을 내는 외상구매 방식이다.

☐ 라. 먼저 물건을 사고 돈을 바로 내는 직접구매 방식이다.

02 신용카드를 신청하면 은행은 여러분의 무엇을 조회하는가?

☐ 가. 경제사정

☐ 나. 건강상태

☐ 다. 심리상태

☐ 라. 가정환경

03 백화점에서 신용카드로 물건을 샀다면 누구에게 돈을 갚아야 하는가?

☐ 가. 백화점

☐ 나. 식구

☐ 다. 물건 주인

☐ 라. 은행

04 백화점에서 신용카드로 물건을 샀다면 먼저 누구에게 돈을 빌리는 것인가?

☐ 가. 신용카드를 발급한 은행

☐ 나. 신용카드로 물건 값을 받은 가게

☐ 다. 신용카드를 운반한 운전기사

☐ 라. 신용카드를 만든 공장

05 신용카드로 산 물건 값을 기한 내에 못 갚으면 은행에 무엇을 내야하는가?

　□ 가. 아무 것도 내지 않는다.

　□ 나. 반성문

　□ 다. 비싼 연체이자

　□ 라. 물건을 반납한다.

06 위 신용카드 주인은 얼마까지 돈을 쓸 수 있는가?

　□ 가. 3,000,000원

　□ 나. 4,000,000원

　□ 다. 5,000,000원

　□ 라. 6,000,000원

07 위 신용카드의 유효기간은 언제까지인가?

　□ 가. 2012년 12월

　□ 나. 2007년 7월

　□ 다. 2007년 12월

　□ 라. 2012년 7월

08 위 신용카드의 주인은 누구인가?

　□ 가. 최단비

　□ 나. HANEON

　□ 다. VISA

　□ 라. INTERNATIONAL

09 신용카드의 장점은 무엇인가? (정답을 모두 고르세요)

　□ 가. 돈이 필요할 때 수시로 찾을 수 있다.

　□ 나. 구매한 물건에 문제가 있으면 신용카드 발급은행을 통해 해결할 수 있다.

　□ 다. 인터넷 쇼핑몰에서 신용카드를 이용하여 물건을 사고 결제할 수 있다.

　□ 라. 신용카드 누적 포인트를 이용하여 선물을 살 수 있다.

　□ 마. 신용카드로 산 물건 값을 갚을 필요가 없다.

　□ 바. 신용카드에는 본인의 이름과 사인이 있기에 다른 사람이 쓸 수 없다.

　□ 사. 해외여행을 할 때 외국 돈이 없어도 신용카드로 쓸 수 있다.

　□ 아. 백화점에서 할인혜택을 받을 수 있다.

　□ 자. 모든 지출을 기록할 수 있다.

　□ 차. 현금 없이 백화점에서 신용카드로 구매할 수 있다.

10 신용카드의 단점은 무엇인가? (정답을 모두 고르세요)

　□ 가. 신용카드를 도난당해 손해를 볼 수 있다.

　□ 나. 자기도 모르게 빚이 늘어난다.

　□ 다. 신용카드의 대출 이자는 연 이자율이 24%～40%으로 높다.

　□ 라. 신용카드의 크기가 너무 작다.

　□ 마. 다른 사람에게 빌려줄 수 없다.

　□ 바. 쉽게 충동구매를 일으킨다.

11 신용카드의 연체금이 10,000원일 때 최저연체이자율로 계산하면 연체이자는
　얼마인가?

　□ 가. 500원

　□ 나. 400원

　□ 다. 300원

　□ 라. 200원

12 신용카드의 연체금이 10,000일 때 연 이자율 30%로 계산하면 1년 후 얼마를

갚아야 할까?

    □ 가. 13,000원

    □ 나. 14,000원

    □ 다. 15,000원

    □ 라. 16,000원

13 위의 질문에서 만약 1년 더 연체한다면 얼마를 갚아야 할까?

    □ 가. 16,700원

    □ 나. 16,800원

    □ 다. 16,900원

    □ 라. 17,000원

14 신용카드의 이자는 어떤 특징이 있는가?

    □ 가. 시간이 갈수록 감소한다.

    □ 나. 시간이 갈수록 변화한다.

    □ 다. 시간이 갈수록 증가하지 않는다.

    □ 라. 시간이 갈수록 증가한다.

15 적금이자와 비교할 때 신용카드의 연체이자가 빨리 늘어나는 이유는 무엇일까?

    □ 가. 높은 이자율 때문에 자신도 모르게 빚이 늘어난다.

    □ 나. 낮은 이자율 때문에 자신도 모르게 빚이 늘어난다.

    □ 다. 높은 저축률 때문에 자신도 모르게 빚이 늘어난다.

    □ 라. 낮은 저축률 때문에 자신도 모르게 빚이 늘어난다.

16 신용카드 연체금을 장기간 갚지 않으면 어떻게 될까? (정답을 모두 고르세요)

☐ 가. 개인 신용이 나빠지고 은행에 대출할 때 불이익을 받는다.

☐ 나. 마음에 드는 물건을 구매할 수 없게 된다.

☐ 다. 갚을 능력이 없게 되며 결과적으로 파산하게 된다.

☐ 라. 개인정서에 상당히 나쁜 영향을 미치게 된다.

☐ 마. 신용불량자가 되어 취직이 어려워진다.

☐ 바. 유학을 갈 수 없다.

17 신용카드의 함정에 빠지지 않으려면 어떻게 해야 할까? (정답을 모두 고르세요)

☐ 가. 신용카드를 사용하는 충동구매를 억제한다.

☐ 나. '갖고 싶은 것' 과 '필요한 것' 을 구분한다.

☐ 다. 신용카드의 사용한도를 줄인다.

☐ 라. 신용카드를 자주 사용하지 않는다.

☐ 마. 신용카드의 연체금을 기한 내에 결제한다.

☐ 바. 서로 다른 신용카드를 여러 장 신청한다.

☐ 사. 다양한 신용카드들의 혜택을 비교한다.

☐ 아. 신용카드 사용한도액을 초과하지 않는다.

2 도박의 함정

도박이란 돈을 걸고 운에 따라 승부를 결정하는 행위를 말한다. 도박꾼들은 한 번 이긴 경험에 빠져 또 다른 행운을 기대한다. 반대로 도박에서 잃은 사람들은 잃은 돈을 되찾겠다는 생각에 또 도박을 한다. 이러한 생각들이 도박꾼들을 계속 도박에 빠지게 한다. 물론 수학적으로 동전을 던졌을 때 앞면과 뒷면이 나올 확률이 균등한 것처럼 도박꾼과 도박기계의 승률은 같다고 할 수 있다. 그러나 안타깝게도 도박하는 사람은 가지고 있는 돈의 한계를 고려하지 않고 순간적인 기분에 따라 판단하기 때문에 점점 큰 돈을 잃게 되며 결국 도박에서 헤어나오지 못한다.

01 도박이란 무엇인가?

  □ 가. 돈을 걸고 과학적으로 분석해서 승부를 결정하는 행위

  □ 나. 돈을 걸고 운에 따라 승부를 결정하는 행위

  □ 다. 돈을 걸고 기술을 이용해 승부를 결정하는 행위

  □ 라. 돈을 걸고 신념에 따라 승부를 결정하는 행위

02 다음 중 주변에서 볼 수 있는 도박행위는 무엇인가? (정답을 모두 고르세요)

  □ 가. 경마

  □ 나. 경품게임

  □ 다. 바둑

  □ 라. 카드게임

  □ 마. 복권

  □ 바. 컴퓨터게임

  □ 사. 수영

  □ 아. 화투

03 다음 중 도박에서 빠져 나오지 못하는 이유는 무엇인가? (정답을 모두 고르세요)

  □ 가. 승부욕

  □ 나. 벼락부자가 되고 싶은 꿈

  □ 다. 욕심

  □ 라. 감동

  □ 마. 행운을 바라는 심리

  □ 바. 불쌍한 사람을 도우려는 마음

  □ 사. 슬픔

  □ 아. 넓은 마음

04 도박꾼과 도박기계의 이길 확률은 어느 쪽이 더 높을까?

□ 가. 수학적 확률에 따르면 도박꾼과 도박기계의 승률은 예측할 수 없다.

□ 나. 수학적 확률에 따르면 도박꾼의 승률이 도박기계보다 높다.

□ 다. 수학적 확률에 따르면 도박꾼과 도박기계의 승률은 같다.

□ 라. 수학적 확률에 따르면 도박기계의 승률이 도박꾼보다 높다.

05 장기적으로 봤을 때 왜 돈을 잃는 도박꾼이 많을까? (정답을 모두 고르세요)

□ 가. 도박꾼이 가지고 있는 돈에는 한계가 있기때문에

□ 나. 도박꾼의 운이 좋지 않기 때문에

□ 다. 도박장은 많은 자금을 가지고 있기 때문에

□ 라. 도박에 대한 깊은 관련 지식이 없기 때문에

□ 마. 도박꾼의 나이가 너무 많기 때문에

□ 바. 도박꾼은 순간적인 기분으로 판단하기 때문에

□ 사. 도박기계는 기분의 영향을 받지 않기 때문에

□ 아. 도박꾼의 품위가 너무 낮기 때문에

06 도박에 빠진 도박꾼의 결과는? (정답을 모두 고르세요)

□ 가. 기회만 엿보는 습관을 키우게 된다.

□ 나. 빨리 돈 버는 방법을 꿈꾼다.

□ 다. 많은 액수의 빚을 진다.

□ 라. 일할 의욕을 상실하게 된다.

□ 마. 친구 사이가 깨지고 가정이 불행해진다.

□ 바. 자신을 통제할 수 없게 된다.

□ 사. 이성을 잃게 된다.

□ 아. 미래가 없다.

□ 자. 미래가 찬란하다.

□ 차. 가정이 화목해진다.

07 어떻게 하면 도박의 위험에 빠지지 않을 수 있을까?

☐ 가. 절대 도박게임에 참여하지 않는다.

☐ 나. 도박기술을 깊이 연마한다.

☐ 다. 최신 과학기술을 이용하여 도박한다.

☐ 라. 도박 자금을 많이 확보하여 승률을 높인다.

 제 10과 학습 포인트

✓ 신용카드는 은행이 먼저 판매자에게 돈을 지불하고 나중에 갚는 외상구매 방식이다.

✓ 신용카드는 쉽게 충동구매를 유발하며, 연체금이 발생하면 비싼 연체이자를 지불하게 된다.

✓ 신용카드로 물건을 살 때 '갖고 싶은 것'과 '필요한 것'을 잘 따져 봐서 사고 기한 내에 꼭 갚는다.

✓ 도박이란 돈을 걸고 행운에 따라 승부를 결정하는 행위를 말한다.

✓ 도박꾼은 욕심과 행운을 바라는 심리, 하루아침에 부자가 되려는 환상, 강한 승부욕 때문에 도박에 빠진다.

✓ 도박에 빠지지 않으려면 어떤 도박행위도 하지 말아야 한다.

11 | 돈을 투자하다(1)

오늘 계란을 가지는 것보다 내일 암탉을 가지는 것이 더 좋다

투자란 더 큰 돈을 벌 수 있는 물품을 구매하는 것이다. 이러한 물품에는 회사의 주식, 외화, 주택, 채권, 귀금속 등이 포함된다. 다시 말해 투자란 미래의 더 큰 결과를 위하여 현재의 작은 이익을 포기하는 것이다. 투자를 잘 하면 더 큰 이익이 되어 돌아온다.

1 재산을 늘리자

여러 머슴들을 거느리던 주인이 외국에서 일정 기간 머물러야 했다. 주인은 머슴들을 불러놓고 그들의 능력에 따라 돈을 나누어 주면서 잘 관리하라고 부탁했다. 주인이 떠나고 5,000냥을 받은 머슴은 장사를 하여 5,000냥을 벌었고, 2,000냥을 받은 머슴도 장사를 하여 2,000냥을 벌었다. 그런데 1,000냥을 받은 머슴은 주인의 돈을 땅에 묻었다. 주인은 돌아와서 첫 번째 머슴과 두 번째 머슴이 재산 관리를 잘하여 원금을 두 배 늘린 데 대해 크게 기뻐하며 칭찬했다. 그런데 세 번째 머슴은 '잘못 관리해서 손해를 볼까봐 안전한 곳에 보관해 두었습니다'라고 말하면서 땅에 묻었던 돈을 주인에게 돌려주었다. 이 말을 들은 주인은 '이 게으른 놈, 재산관리도 할 줄 모르는구나'라고 크게 꾸짖었다.

01 5,000냥을 받은 머슴은 그 돈을 어떻게 했는가?

☐ 가. 장사를 해서 2,000냥을 더 벌었다.

☐ 나. 장사를 해서 3,000냥을 더 벌었다.

☐ 다. 장사를 해서 5,000냥을 더 벌었다.

☐ 라. 장사를 해서 4,000냥을 더 벌었다.

02 2,000냥을 받은 머슴은 그 돈을 어떻게 했는가?

☐ 가. 장사를 해서 1,000냥을 더 벌었다.

☐ 나. 장사를 해서 2,000냥을 더 벌었다.

☐ 다. 장사를 해서 3,000냥을 더 벌었다.

☐ 라. 장사를 해서 4,000냥을 더 벌었다.

03 1,000냥을 받은 머슴은 그 돈을 어떻게 했는가?

☐ 가. 500냥만 땅에 묻었다.

☐ 나. 장사를 해서 1,000냥을 더 벌었다.

☐ 다. 장사하다 1,000냥을 전부 잃었다.

☐ 라. 1,000냥을 땅에 묻었다.

04 주인은 왜 첫째, 둘째 머슴을 칭찬했는가?

☐ 가. 그들의 재능을 활용해서 재산이 한 배가 되었으므로

☐ 나. 그들의 재능을 활용해서 재산이 두 배가 되었으므로

☐ 다. 그들의 재능을 활용해서 재산이 세 배가 되었으므로

☐ 라. 그들의 재능을 활용해서 재산이 네 배가 되었으므로

05 세 번째 머슴은 주인에게 어떻게 말했는가?

　□ 가. 강도를 당할 우려가 있어 돈을 안전한 곳에 보관했습니다.

　□ 나. 관리소홀로 분실될 우려가 있어 돈을 안전한 곳에 보관했습니다.

　□ 다. 돈을 잘못 관리하여 손해를 볼까봐 안전한 곳에 보관해 두었습니다.

　□ 라. 다른 사람이 욕심내어 뺏길까봐 안전한 곳에 보관해 두었습니다.

06 주인은 왜 세 번째 머슴을 꾸짖었을까?

　□ 가. 자신의 능력을 발휘하여 돈을 활용하지 못했기 때문에

　□ 나. 다른 사람의 능력을 발휘하여 돈을 활용하지 못했기 때문에

　□ 다. 자신의 능력을 발휘하여 돈을 벌었기 때문에

　□ 라. 다른 사람의 능력을 발휘하여 돈을 벌었기 때문에

2 오늘 쓸 것을 미루어 내일 쓰자

　1960년 스탠포드 대학의 월터 미셸이라는 심리학자는 30년 동안 유치원 어린이들을 연구했다. 그는 4살 된 어린아이들에게 과자를 주면서 '지금 바로 먹는 어린이에게는 한 개를 주고, 20분 뒤에 먹는 어린이에게는 두 개를 준다'고 말했다. 그러자 충동심이 강한 어린이들은 바로 과자를 먹은 반면, 인내력과 자제력이 강한 어린이들은 20분 뒤에 두 개를 받았다. 이를 통해 그는 충동심이 강한 그룹의 어린이들은 어려움이 닥치면 쉽게 포기하고 위축되어 어찌할 바를 모른다는 것을 발견했다. 또, 그 어린이들이 중학교에 가자 학업성적이 현저하게 떨어지는 현상을 발견했다. 반대로 인내력과 충동억제력이 강한 그룹의 어린이들은 강한 자신감이 있고 어려움을 만나도 적극적으로 도전하며 중학교에서도 학업성적이 비교적 우수했다고 한다. 이후 30년간 이들을 추적하여 연구한 결과 인내력이 강한 그룹은 향후의 사업에서 성공적이었다는 결과를 발견했다.

01 월터 미셸은 유치원 어린이에 대한 연구를 몇 년 동안 했는가?

　□ 가. 20년

　□ 나. 25년

　□ 다. 30년

　□ 라. 35년

02 학교에서 학업이 훌륭한 학생은 어떤 학생이라고 말하는가?

　□ 가. 순간적인 욕망을 억제하고 만족감을 지연시킨다.

　□ 나. 순간적인 압력을 회피하고 만족감을 지연시킨다.

　□ 다. 순간적인 슬픔을 억제하고 만족감을 지연시킨다.

　□ 라. 순간적인 욕망을 즐기고 만족감을 지연시킨다.

03 인내력과 충동억제력은 왜 성공의 중요한 요소일까?

　□ 가. 순간적인 쾌락과 이익을 참아 현재보다 더 적은 보상을 얻기 때문에

　□ 나. 순간적인 쾌락과 이익을 참아 미래보다 더 적은 보상을 얻기 때문에

　□ 다. 순간적인 쾌락과 이익을 참아 현재보다 더 많은 보상을 얻기 때문에

　□ 라. 순간적인 쾌락과 이익을 참아 미래보다 더 많은 보상을 얻기 때문에

04 다음 중 인내가 필요하거나 충동을 억제하여 미래에 더 큰 수확을 기대할 수 있는 것은 무엇인가? (정답을 모두 고르세요)

　□ 가. 투자

　□ 나. 연수 프로그램 참여

　□ 다. 심신수련

　□ 라. 교육

　□ 마. 사업확장

　□ 바. 신체단련

　□ 사. 수영

　□ 아. 컴퓨터 게임

3 돈으로 돈을 벌다

투자란 돈으로 돈을 버는 방식의 일종이다. 수익성이 좋은 분야에 돈을 투자하고 돈이 늘어날 때까지 인내심을 가지고 기다린다. 즉 돈이 나를 위해 일하고 나에게 더 큰 돈을 벌어주는 셈이다.

01 돈을 벌기 위해서는 어떤 분야에 투자를 해야 하는가?

　　□ 가. 확인된 분야

　　□ 나. 기념할 만한 분야

　　□ 다. 수익성이 있는 분야

　　□ 라. 관심을 가져야 할 분야

02 투자란 무엇을 사는 것인가? (정답을 모두 고르세요)

　　□ 가. 부동산

　　□ 나. 유명한 그림

　　□ 다. 골동품

　　□ 라. 희귀한 우표

　　□ 마. 주식

　　□ 바. 요트

　　□ 사. 자동차

　　□ 아. 비행기

03 투자의 최종 목적은 무엇인가?

　　□ 가. 돈으로 돈을 벌고, 돈이 나를 위하여 일하게 한다.

　　□ 나. 돈으로 돈을 벌고, 돈이 다른 사람을 위하여 일하게 한다.

　　□ 가. 돈으로 돈을 벌고, 돈이 어려운 사람을 위하여 일하게 한다.

　　□ 가. 돈으로 돈을 벌고, 돈이 부유한 사람을 위하여 일하게 한다.

100원의 수익성 일람표

단위 : 원

년 \ 수익률	10%	12%	14%	15%	16%	18%	20%	24%
1	110	112	114	115	116	118	120	124
10	260	311	371	405	41	523	619	859
20	673	965	1,374	1,637	1,946	2,739	3,834	7,386
30	1,745	2,996	5,095	6,621	8,585	14,337	23,738	63,482
40	4,526	9,305	18,888	26,786	37,872	75,038	146,980	545,590

04 만약 100원을 수익률이 15%인 분야에 투자한다면 30년 후 얼마가 될까?

☐ 가. 1,745원

☐ 나. 2,996원

☐ 다. 5,095원

☐ 라. 6,621원

05 만약 100원을 수익률이 15%인 분야에 투자한다면 40년 후 얼마가 될까?

☐ 가. 25,786원

☐ 나. 26,786원

☐ 다. 27,786원

☐ 라. 28,786원

06 만약 같은 금액을 수익률이 10%와 18%인 분야에 투자한다면 30년 후 차이는 몇 배 일까?

☐ 가. 약 6배

☐ 나. 약 7배

☐ 다. 약 8배

☐ 라. 약 9배

4 황금 알을 낳는 거위

가난한 농부가 있었다. 어느 날 자신의 집 거위가 황금 알을 낳는 것을 발견한 농부는 황금 알을 팔아 많은 돈을 벌었고 한바탕 잔치를 벌였다. 이제 농부는 일하지 않아도 먹고 사는 데 문제가 없었다. 하지만 농부는 거위가 하루에 알을 한 개씩만 낳는 것이 못마땅했다. 그래서 그는 거위 배에 있는 황금 알을 모두 꺼내려고 칼로 거위의 배를 갈랐다. 아쉽게도 그는 황금 알을 찾지 못했고 다시는 황금 알을 낳는 거위도 볼 수 없었다.

01 만약 돈을 투자한다면 다음 중 어디에 투자해야 할까?

□ 가. 가난한 농부

□ 나. 황금 알을 낳는 거위

□ 다. 황금 알을 구매하는 금 장사

□ 라. 근심걱정이 없는 농부

02 위의 이야기에서 투자한 결과는 무엇에 해당할까?

□ 가. 황금 알

□ 나. 금 장사

□ 다. 농부

□ 라. 칼

03 만약 저축한 돈을 모두 써버리는 것은 이 이야기 중 어떤 내용에 해당할까?

□ 가. 황금 알을 금 장사에게 판다.

□ 나. 황금 알을 판 돈으로 잔치를 벌인다.

□ 다. 황금 알을 낳는 거위를 발견했다.

□ 라. 황금 알을 낳는 거위를 죽인다.

04 어떻게 하면 거위가 더 많고 더 큰 알을 낳을 수 있을까?

　□ 가. 매일 거위의 건강을 위하여 기도한다.

　□ 나. 거위를 비싼 가격에 판다.

　□ 다. 거위가 낳은 금을 비싼 가격에 판다.

　□ 라. 거위에게 매일 사료를 넉넉히 준다.

 제 11과 학습 포인트

> ✓ 돈 관리를 잘 하면 재산을 늘릴 수 있다.
>
> ✓ 투자란 돈으로 더 많은 돈을 벌 수 있는 물품을 구매하는 것이다.
>
> ✓ 투자를 하려면 눈앞의 작은 이익과 충동을 억제해야 한다.
>
> ✓ 저축과 투자를 늘려야 미래의 더 큰 수확을 기대할 수 있다.

12 돈을 투자하다 (2)

지식이 늘어나면 재산도 늘어난다.

투자는 우리의 수입을 늘려줄 뿐만 아니라 이미 모은 재산도 잘 지켜준다. 이러한 투자를 잘하려면 투자에 관한 지식을 쌓아야 한다. 그렇기 때문에 우리는 투자에 대해 열심히 공부하고 많은 경험을 쌓아 재산을 늘릴 수 있는 투자능력을 키워야 한다.

1 세계적인 투자의 왕, 워렌 버핏

워렌 버핏은 역사상 가장 뛰어난 투자가로 기록되어 있다. 최초로 투자를 통해 세계 최고의 갑부가 된 그의 재산은 수백억 달러에 달한다. 〈포브스〉라는 잡지의 통계에 따르면 그는 세계에서 두 번째로 돈이 많은 부자라고 한다. 1930년 미국의 부유한 가정에서 태어난 버핏은 8살 때부터 서재에서 투자 관련 서적을 읽었고 불과 11살 때 투자에 대한 탁월한 능력이 있어 주식투자를 시작했다. 버핏은 커서도 자신의 사무실에서 열심히 독서와 연구를 했다. 그 결과 주주들을 백만장자로 만들어주었다. 그의 가치투자(가장 가치가 있는 회사의 주식에 투자) 방법은 많은 사람들이 반대하는 상황에서도 정확한 결정을 내렸으며 세계적인 본보기가 되었다.

01 워렌 버핏은 무엇으로 성공한 사람일까?

　　□ 가. 역사상 가장 성공한 금을 캐는 사람

　　□ 나. 역사상 가장 성공적인 철학자

　　□ 다. 역사상 가장 성공적인 투자자

　　□ 라. 역사상 가장 성공적인 과학자

02 워렌 버핏은 무엇을 통해 세계적인 갑부가 되었을까?

　　□ 가. 무역

　　□ 나. 투자

　　□ 다. 도박

　　□ 라. 행운

03 워렌 버핏은 〈포브스〉가 선정한 세계에서 몇 번째 부자인가?

　　□ 가. 1위

　　□ 나. 2위

　　□ 다. 3위

　　□ 라. 4위

04 워렌 버핏은 몇 살 때부터 투자 관련 서적을 읽었는가?

　　□ 가. 8살

　　□ 나. 9살

　　□ 다. 10살

　　□ 라. 11살

05 워렌 버핏은 몇 살 때부터 주식에 투자했는가?

　　□ 가. 10살

　　□ 나. 11살

　　□ 다. 12살

　　□ 라. 13살

06 워렌 버핏이 말하는 가치투자란 무엇인가?

　　□ 가. 가치 있는 우표에 투자한다.

　　□ 나. 가치 있는 유명한 그림에 투자한다.

　　□ 다. 가치 있는 골동품에 투자한다.

　　□ 라. 가치 있는 주식에 투자한다.

07 워렌 버핏은 사무실에서 무엇을 했는가?

　　□ 가. 과학지식을 얻기 위한 독서와 연구를 했다.

　　□ 나. 투자지식을 얻기 위한 독서와 연구를 했다.

　　□ 다. 철학지식을 얻기 위한 독서와 연구를 했다.

　　□ 라. 정치지식을 얻기 위한 독서와 연구를 했다.

2 모험투자란 무엇인가?

　모험투자란 돈을 잃을 수도 있는 투자를 말한다. 실제로 돈을 은행에 적금하는 것 외에 모든 투자는 모험이다. 이자율이 높을수록 모험요소가 크므로 투자하면 안 된다. 모험요소가 클 때는 여러 항목에 나누어 투자하거나 사전에 치밀하게 검토하고 투자를 계획해야 한다. 또 투자할 때 발생가능한 손실이 나의 경제능력을 넘어서거나 더 큰 수익을 위해 모험을 감수하지 않도록 적절한 선에서 투자를 해야 한다. 그렇지 않으면 우리는 투자에서 손해를 보게 된다.

01 모험투자란 무엇인가?

☐ 가. 투자를 해서 돈을 벌 수 있다.

☐ 나. 투자를 해서 돈을 잃을 수 있다.

☐ 다. 투자를 해서 돈을 빌릴 수 있다.

☐ 라. 투자를 해서 돈을 얻는다.

02 이자율이 높을수록 모험요소는 어떻게 되는가?

☐ 가. 모험요소가 없다.

☐ 나. 모험요소는 변함이 없다.

☐ 다. 모험요소가 크다.

☐ 라. 모험요소가 작다.

03 모험요소는 어떻게 줄이는가? (정답을 모두 고르세요)

☐ 가. 돈을 같은 항목에 나누어 투자한다.

☐ 나. 돈을 같은 항목에 집중적으로 투자한다.

☐ 다. 돈을 여러 항목에 나누어 투자한다.

☐ 라. 돈을 비슷한 분야에 집중적으로 투자한다.

☐ 마. 투자한 후에 그 항목에 대해 치밀히 연구한다.

☐ 바. 투자하기 전에 그 항목에 대해 치밀히 연구한다.

☐ 사. 돈의 전부를 투자한다.

☐ 아. 돈의 일부를 투자한다.

04 투자는 어떻게 결정하는가? (정답을 모두 고르세요)

☐ 가. 모험요소가 적당하다.

☐ 나. 모험요소가 대단히 높다.

☐ 다. 발생 가능한 손실이 자신의 생활에 영향을 미치지 않는다.

☐ 라. 발생 가능한 손실을 감당할 수 있다.

☐ 마. 발생 가능한 손실을 감당할 수 없다.

☐ 바. 적당한 모험을 하는 것은 당연한 것이다.

3 투자시기를 잘 선택하자

단비와 한얼은 같은 대학, 같은 과 동갑내기 친구다. 그런데 단비는 22살부터, 한얼은 27살부터 투자목적으로 매년 10,000원의 적금을 시작했다. 만약 두 학생이 수익률 12%인 적금에 가입했다면 그들의 수익성은 다음과 같다.

투자분석표

단위 : 원

연령	단비		한얼	
	적금액	원금+이자	적금액	원금+이자
22	10,000	11,200	0	0
23	10,000	23,744	0	0
24	10,000	37,793	0	0
25	10,000	53,528	0	0
26	10,000	71,151	0	0
27	0	79,689	10,000	11,200
28	0	89,252	10,000	23,744
29	0	99,963	10,000	37,793
30	0	111,959	10,000	53,528
31	0	125,394	10,000	71,151
32	0	140,441	10,000	90,889
33	0	157,294	10,000	112,996
34	0	176,169	10,000	137,756
35	0	197,309	10,000	165,487
36	0	220,987	10,000	196,545
37	0	247,506	10,000	231,330
38	0	277,206	10,000	270,290
39	0	310,471	10,000	313,925

＊참고
  원금과 이자금액 : 최초투자금액에 이자금액을 더한 것

01 단비는 몇 살부터 투자를 위한 적금을 했는가?

    □ 가. 22살

    □ 나. 23살

    □ 다. 24살

    □ 라. 25살

02 한얼은 몇 살부터 투자를 위한 적금을 했는가?

    □ 가. 24살

    □ 나. 25살

    □ 다. 26살

    □ 라. 27살

03 단비는 몇 년 동안 적금을 했는가?

    □ 가. 3년

    □ 나. 4년

    □ 다. 5년

    □ 라. 6년

04 한얼의 '원금+이자'는 몇 살부터 단비를 초과했는가?

    □ 가. 36살

    □ 나. 37살

    □ 다. 38살

    □ 라. 39살

05 한얼의 원금과 이자의 합이 단비가 5년 동안 적금한 원금과 이자의 합을 초과
하려면 몇 년이 필요할까?

    ☐ 가. 11년

    ☐ 나. 12년

    ☐ 다. 13년

    ☐ 라. 14년

06 이 두 학생의 투자분석표를 보고 무엇을 느꼈는가?

    ☐ 가. 투자는 많이 할수록 좋다.

    ☐ 나. 투자는 일찍 할수록 좋다.

    ☐ 다. 투자는 늦게 할수록 좋다.

    ☐ 라. 투자는 적게 할수록 좋다.

4 72법칙

72법칙은 원금이 두 배로 늘어나는 데 필요한 시간을 간단하고 빠르게 계산하
는 방법이다. 예를 들면 100원을 수익률이 9%인 항목에 투자했을 때 두 배인
200원이 되려면 8년(72÷9)이 필요하다.

원금이 두 배되는 데 걸리는 시간=72÷수익률(이자율)

수익률(%)	필요한 연도수(년)
4	18
5	14.4
6	12
7	10.3
8	9
9	8
10	7.2

01 만약 적금 이자율이 2%라면 원금이 두 배로 늘어나는 시간은 몇 년인가?

☐ 가. 36년

☐ 나. 30년

☐ 다. 24년

☐ 라. 20년

02 만약 투자의 수익률이 12%라면 원금이 두 배로 늘어나는 시간은 몇 년인가?

☐ 가. 12년

☐ 나. 10년

☐ 다. 8년

☐ 라. 6년

03 모험을 감수하더라도 수익률이 높은 항목을 선택하겠는가?

☐ 가. 네

☐ 나. 아니요

🚌 제 12과 학습 포인트

✓ 재산을 늘리려면 관련지식부터 공부해야 한다.

✓ 투자하기 전에 관심분야에 대한 치밀한 연구를 해야 하고 분산투자를
  해야 한다.

✓ 투자는 일찍하는 것이 좋다.

✓ 72법칙

  - 원금이 두 배가 되는 데 걸리는 시간=72÷수익률(이자율)

돈을 나눠 쓰다 (1)

진정한 재산은 사람들에게 행복을 줄 때 생긴다

사람들에게 존경을 받는 사람은 자신을 위해 재산을 모으기도 하지만 불행한 이웃을 돕는 사람이다. 실제로 모든 사람들에게 공부할 기회와 풍부한 음식, 행복한 가정, 좋은 옷이 주어지는 것은 아니다. 다른 사람을 도움으로써 마음속의 사랑도 나누고 자신의 인격도 높아지며 우리 사회도 아름답게 가꿀 수 있다.

1 나는 행복한가?

- 여러분에게 만약 풍성한 음식이 있다면 가난과 굶주림에 허덕이고 있는 12억이 넘는 사람(전 세계 인구의 20%)보다 행복하다.

- 여러분이 만약 하루 세 끼를 배불리 먹을 수 있다면 굶어 죽어가고 있는 6천만 명(전 세계 인구의 1%)보다 행복하다.

- 여러분이 만약 차를 한 대 갖고 있다면 차를 살 수 없는 59억 명(전 세계 인구의 93%)보다 행복하다.

- 여러분이 만약 아늑한 집에 살고 있다면 집이 없는 50억 명(전세계인구의 80%)보다 행복하다.

- 여러분이 만약 지갑 또는 은행계좌에 조금이라도 돈이 있다면 돈이 없는 58억 명(전 세계 인구의 92%)보다 행복하다.

- 여러분이 만약 전쟁의 위험, 테러의 위협에서 자유롭다면 매일 공포 속에 생활하고 있는 12억 명(전 세계 인구의 20%)보다 행복하다.

- 여러분이 만약 지금 이 글을 읽고 있다면 글을 읽지 못하는 8억 명(전 세계 인구의 14%)보다 행복하다.

CHAPTER 13

이 글을 읽고 난 다음 오늘 저녁 침대에 누워
잠들기 전에 무엇을 생각할 것인가?

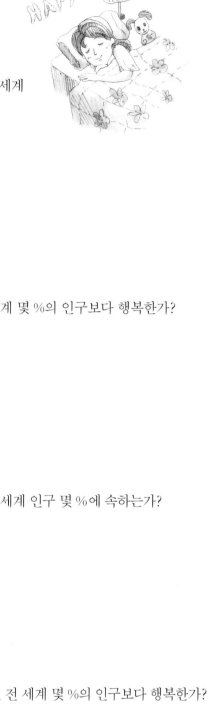

01 만약 여러분이 하루 세 끼를 먹는다면 전 세계
몇 명의 인구보다 행복한가?
□ 가. 약 3천만 명
□ 나. 약 4천만 명
□ 다. 약 5천만 명
□ 라. 약 6천만 명

02 만약 여러분이 글을 읽을 수 있다면 전 세계 몇 %의 인구보다 행복한가?
□ 가. 14%
□ 나. 15%
□ 다. 16%
□ 라. 17%

03 만약 여러분이 차를 한 대 갖고 있다면 전 세계 인구 몇 %에 속하는가?
□ 가. 5%
□ 나. 6%
□ 다. 7%
□ 라. 8%

04 만약 여러분이 안전한 곳에서 살고 있다면 전 세계 몇 %의 인구보다 행복한가?
□ 가. 18%
□ 나. 20%
□ 다. 22%
□ 라. 24%

05 만약 여러분에게 돈이 조금이라도 있다면 전 세계 몇 %의 부자에 속하는가?

    ☐ 가. 6%

    ☐ 나. 7%

    ☐ 다. 8%

    ☐ 라. 9%

06 만약 여러분에게 풍성한 음식이 있다면 전 세계 몇 %의 인구보다 행복한가?

    ☐ 가. 18%

    ☐ 나. 20%

    ☐ 다. 22%

    ☐ 라. 24%

07 만약 여러분에게 아늑한 집이 있다면 전 세계 몇 %의 인구보다 행복한가?

    ☐ 가. 80%

    ☐ 나. 81%

    ☐ 다. 82%

    ☐ 라. 83%

08 이 이야기에서 전 세계의 인구는 얼마인가?

    ☐ 가. 약 60억 명

    ☐ 나. 약 65억 명

    ☐ 다. 약 70억 명

    ☐ 라. 약 75억 명

09 다른 사람을 도와준다면 어떤 좋은 결과가 있는가? (정답을 모두 고르세요)

☐ 가. 세상이 아름다워진다.

☐ 나. 자신의 인격이 높아진다.

☐ 다. 사랑을 전파할 수 있다.

☐ 라. 자신을 나타낼 수 있다.

☐ 마. 다른 사람의 칭찬을 받을 수 있다.

☐ 바. 기타 _____

2 내가 가진 것은 무엇인가?

01 다음 중 여러분에게 해당하는 것에 ✓ 표시하세요.

☐ 전쟁이 없다   ☐ 행복한 가정이 있다

☐ 깨끗한 식사를 할 수 있다   ☐ 돈이 있다

☐ 친구가 있다   ☐ 바람과 비를 피할 수 있다

☐ 학교에서 공부할 수 있다   ☐ 종교의 자유가 있다

☐ 법으로 보호받는다   ☐ 컴퓨터를 사용한다

☐ 과외를 받을 수 있다   ☐ 취미활동을 할 수 있다

☐ 경찰에게 보호받는다   ☐ TV를 본다

☐ 해외여행을 할 수 있다   ☐ 세 끼 식사를 먹을 수 있다

☐ 밥을 먹을 수 있다   ☐ 전기를 쓸 수 있다

☐ 학대받지 않는다   ☐ 병원에 갈 수 있다

☐ 자동차가 있다   ☐ 책을 읽을 수 있다

☐ 음악을 들을 수 있다   ☐ 영화를 볼 수 있다

☐ 깨끗한 옷을 입을 수 있다   ☐ 건강하다

☐ 침대에서 잘 수 있다   ☐ 아늑한 집이 있다

02 여러분은 소유하고 있지만, 불쌍한 사람들에게 없는 것은 무엇인가?

_____

_____

03 여러분은 가진 것에 대해 어떤 마음을 가져야 하는가?

☐ 가. 감사

☐ 나. 교만

☐ 다. 자랑

☐ 라. 후회

☐ 마. 인내

☐ 바. 기타 _____

 제 13과 학습 포인트

> ✓ 사람들의 존중을 받는 사람은 꼭 다른 사람들을 돕는다.
>
> ✓ 다른 사람을 돕게 되면 세상이 아름다워지고 자신의 인격도 향상된다.
>
> ✓ 자신이 가진 것에 감사하는 마음을 가져야 한다.

14 | 돈을 나눠 쓰다 (2)

살아가는 데 꼭 필요한 재산을 제외하고는 쓸모없는 돈이다

내가 주릴 때에 너희가 먹을 것을 주었고 목마를 때에 마시게 하였고 나그네 되었을 때에 영접하였고 벗었을 때에 옷을 입혔고 병들었을 때에 돌아보았고 옥에 갇혔을 때에 와서 보았느니라.

-《성경 마태복음》 25 : 35 ∼ 36

1 사랑이 있으면 모든 것을 얻는다

한 남자가 자신의 집 앞 계단에 앉아 있는 노인 세 명을 발견하였다. 남자는 그들을 몰랐지만 집으로 초대하려고 했다. 세 노인은 '우리는 함께 들어갈 수 없습니다'라고 말하면서 자기소개를 했다. 그들의 이름은 각각 '재산, 성공, 사랑'이었다. 남자는 부인에게 이들에 대해 얘기하고 먼저 '성공'을 초대하려고 했다. 하지만 부인은 '나는 사랑을 먼저 초대하고 싶어요. 가정에는 사랑이 가장 필요하니까요'라고 말했다. 그 말을 들은 남자는 부인의 말에 따라 사랑을 먼저 집으로 초대했다. 그러자 나머지 두 노인도 뒤를 따라 집 안에 들어서면서 '사랑이 있으면 재산과 성공은 뒤따르기 마련이지요'라고 말했다.

01 세 노인의 이름은 각각 무엇인가?

    □ 가. 쾌락, 성공, 사랑

    □ 나. 재산, 금전, 이름

    □ 다. 재산, 성공, 사랑

    □ 라. 명예, 부귀, 재능

02 남자는 가장 먼저 어느 노인을 초대하려 했는가?

    □ 가. 사랑

    □ 나. 재능

    □ 다. 성공

    □ 라. 재산

03 부인은 남편의 의견에 왜 반대했는가?

    □ 가. 가정에는 재능이 가장 필요하기 때문에

    □ 나. 가정에는 사랑이 가장 필요하기 때문에

    □ 다. 가정에는 명예가 가장 필요하기 때문에

    □ 라. 가정에는 재산이 가장 필요하기 때문에

04 이 이야기에서 얻은 교훈은 무엇인가?

    □ 가. 사랑이 있어야 성공과 재산을 얻을 수 있다.

    □ 나. 사랑이 있어야 성공과 지식이 있다.

    □ 다. 성공과 재산이 있어야 사랑을 얻을 수 있다.

    □ 라. 사랑이 있어야 재산과 명예가 있다.

2 받는 것보다 베푸는 것이 더 행복하다

자비란 마음에서 우러나 도움이 필요한 사람들에게 물품을 주거나 돈을 자선단체에 기부하는 것이다. 또 박애란 모든 사람에게 도움을 주려는 마음을 말한다. 만약 자비와 박애를 가지고 있다면 도움이 필요한 사람을 성심성의껏 도와줄수 있다. 이러한 뜻있는 행위는 우리의 인생을 더욱 풍요롭게하며 사회에 이바지할 수 있는 재산이 있다는 것을 의미한다. 이렇게 하면 우리는 인생의 아름다움을 느낄 수 있고 금전관리의 고수가 된다.

01 자비란 무엇인가?

☐ 가. 친구의 부탁으로 도움이 필요한 사람이나 자선단체에 물품, 돈을 준다.

☐ 나. 선생님이 시켜서 도움이 필요한 사람이나 자선단체에 물품, 돈을 준다.

☐ 다. 마음에서 우러나 도움이 필요한 사람이나 자선단체에 자발적으로 물품, 돈을 준다.

☐ 라. 아무 생각 없이 도움이 필요한 사람이나 자선단체에 물품, 돈을 준다.

02 박애란 무엇일까?

☐ 가. 다른 사람을 돕고자 하는 마음

☐ 나. 도움을 받고자 하는 마음

☐ 다. 나를 자랑하고자 하는 마음

☐ 라. 칭찬받고자 하는 마음

03 만약 자비와 박애를 가지고 있다면 어떻게 될까?

☐ 가. 도움이 필요없는 사람들을 돕는다.

☐ 나. 성심성의껏 도움이 필요한 사람들을 돕는다.

☐ 다. 의무적으로 도움이 필요한 사람들을 돕는다.

☐ 라. 억지로 도움이 필요한 사람들을 돕는다.

04 다른 사람들에게 베풀 수 있다는 것은 무엇을 의미할까? (정답을 모두 고르세요)

☐ 가. 인생이 무의미하다.

☐ 나. 인생이 아름다워진다.

☐ 다. 사회에 이바지할 수 있는 재산이 있다.

☐ 라. 자신은 이미 금전관리의 고수다.

☐ 마. 자신은 이미 소비의 고수다.

☐ 바. 기타 _____

3 왜 베풀어야 하는가?

기부에는 돈 이외에 시간과 물품이 포함된다. 예를 들면 봉사활동이나 옷, 장난감 등을 기부하는 것이다. 기부는 반드시 성심성의껏 해야 하며 존경하는 마음으로 도움이 필요한 사람들을 도와주어야 한다. 또 마음에서 우러나야 하며 어떤 조건이나 보상, 칭찬을 기대하면 안 된다.

01 우리는 무엇으로 다른 사람을 도울 수 있는가?

☐ 가. 돈, 욕구, 물품

☐ 나. 욕구, 시간, 물품

☐ 다. 돈, 시간, 물품

☐ 라. 돈, 시간, 욕구

02 어떤 태도로 도움이 필요한 사람들을 도와주어야 할까?

☐ 가. 불량

☐ 나. 거만

☐ 다. 복종

☐ 라. 존경

03 성심성의껏 봉사한다는 것은 무엇인가?

□ 가. 어떤 조건이나 보상을 기대하지 않고 마음에서 우러나 봉사한다.

□ 나. 어떠한 조건은 없으나 약간의 기대를 하면서 마음에서 우러나 봉사한다.

□ 다. 약간의 조건은 있으나 보상을 기대하지 않고 마음에서 우러나 봉사한다.

□ 라. 약간의 조건이나 보상을 기대하면서 마음에서 우러나 봉사한다.

04 다음 중 무엇이 최악의 봉사일까? (정답을 모두 고르세요)

□ 가. 만족스러운 태도로 봉사한다.

□ 나. 은혜를 베푸는 태도로 봉사한다.

□ 다. 귀한 몸을 낮추어 다른 사람을 돕는다는 태도로 봉사한다.

□ 라. 예의 바른 태도로 다른 사람을 돕는다.

□ 마. 공정하고 바른 태도로 다른 사람을 돕는다.

□ 바. 봉사활동을 통해 칭찬을 받고자 한다.

□ 사. 봉사활동을 통해 사회를 아름답게 한다.

05 여러분은 무엇으로 불행한 사람들을 도울 수 있는가?

_____

_____

 제 14과 학습 포인트

✓ 사랑이 있으면 모든 것을 얻는다.

✓ 베푸는 것이 받는 것보다 더 행복하다.

✓ 도움이 필요한 사람들을 성심성의껏 도우면 우리의 인생도 풍요롭고 아름다워진다.

✓ 봉사는 마음에서 우러나야 하고 은혜를 베푼다는 생각이나 어떠한 조건, 칭찬, 보상을 기대해서는 안 된다.

15 | 돈의 지출계획을 세우자 (1)

재산은 '돈을 얼마나 벌었느냐' 보다 '얼마나 저축했느냐' 에 좌우된다

돈을 현명하게 쓰지 못하는 청소년들은 지출계획 없이 돈을 마음대로 쓴다. 용돈을 받아 계획 없이 먹고 즐기는 데 모두 써버리면 정말 필요한 때에 돈이 없게 된다. 지출계획은 수입과 지출을 계획하고 기록하여 돈의 흐름을 파악하는 데 도움을 준다. 이러한 지출계획을 잘 세워 실천해야 진정한 돈의 주인이 될 수 있다.

1 용돈을 어디에 썼는가?

우리는 항상 '용돈이 왜 벌써 없어졌지?', '어디에 사용했지?' 라고 생각한다. 만약 우리에게 평소 용돈 사용을 메모하는 습관이 있다면 자신의 돈을 어떻게 썼는지 알 수 있다. 우리는 가계부를 적으면서 문제되는 지출항목을 찾아내고 개선책을 마련할 수 있으며 불필요한 지출을 줄일 수 있다. 이렇게 하면 우리의 돈 관리능력은 향상되고 저축도 늘어날 것이다.

01 가계부 기록이란 무엇인가?

☐ 가. 저축과 투자 내용을 기록한다.

☐ 나. 수입과 지출을 기록한다.

☐ 다. 소비와 기부금과 용돈을 기록한다.

☐ 라. 수입과 투자 내용을 기록한다.

02 가계부를 적으면 무엇이 좋은가? (정답을 모두 고르세요)

☐ 가. 저축통장의 돈이 늘어난다.

☐ 나. 저축통장의 돈이 안전하다.

☐ 다. 돈의 사용처를 알 수 있다.

☐ 라. 돈 관리능력이 향상된다.

☐ 마. 알맞은 투자항목을 찾을 수 있다.

☐ 바. 문제되는 지출항목을 찾아낼 수 있다.

☐ 사. 도둑을 방지할 수 있다.

☐ 아. 불필요한 지출을 줄일 수 있다.

단비의 일주일 수입과 지출기록

단위 : 원

수입항목	월	화	수	목	금	토	일	합계
용돈	5,000	5,000	5,000	5,000	5,000	–	–	25,000
피아노과외	–	–	–	–	–	20,000	–	20,000
								45,000

지출항목	월	화	수	목	금	토	일	합계
점심식사	2,500	2,500	2,500	2,500	2,500	–	–	12,500
교통비	1,000	1,000	1,000	1,000	1,000	–	–	5,000
간식 및 음료	–	1,500	1,800	2,000	–	–	–	5,300
오락 (만화, 영화)	–	–	–	–	–	–	–	–
의류, 액세서리	–	800	–	–	500	300	1,600	3,200
선물	–	–	–	–	–	6,000	–	6,000
기타 (문구, 헌금)	–	–	500	1,000	–	–	–	1,500
								33,500

03 점심식사는 어떤 지출인가?

　□ 가. 불필요한 지출

　□ 나. 필요한 지출

　□ 다. 초과 지출

　□ 라. 의외의 지출

04 단비는 몇 가지의 수입이 있는가?

　□ 가. 한 가지

　□ 나. 두 가지

　□ 다. 세 가지

　□ 라. 네 가지

05 단비가 돈을 쓰지 않은 지출항목은 무엇인가?

　□ 가. 교통비

　□ 나. 오락

　□ 다. 선물

　□ 라. 점심식사

06 단비의 지출에서 절약하거나 줄일 수 있는 부분은 무엇인가?

　□ 가. 간식 및 음료

　□ 나. 점심식사

　□ 다. 교통비

　□ 라. 피아노 과외

07 단비는 이번 주에 얼마의 돈을 저축할 수 있을까?

☐ 가. 9,500원

☐ 나. 10,500원

☐ 다. 11,500원

☐ 라. 12,500원

2 지출을 기록하자

돈을 효율적으로 관리하려면 우선 돈의 지출을 계획해야 한다. 돈은 결코 이유 없이 사라지지 않는다. 지금 여러분이 돈의 지출을 자세하게 기록한다면 금전관리의 많은 부분에서 문제점을 발견할 수 있을 것이다.

주별지출표

(년 월 일부터 년 월 일까지)

지출내역	월	화	수	목	금	토	일	합계

주 총지출 _____

• 위의 지출내역별 합계를 아래의 '월별지출표'에 기록하세요.

월별지출표

(　　년　　월　　일부터　　　년　　월　　일까지)

지출내역	제1주	제2주	제3주	제4주	제5주	합계
_____	_____	_____	_____	_____	_____	_____
_____	_____	_____	_____	_____	_____	_____
_____	_____	_____	_____	_____	_____	_____
_____	_____	_____	_____	_____	_____	_____
_____	_____	_____	_____	_____	_____	_____
_____	_____	_____	_____	_____	_____	_____
_____	_____	_____	_____	_____	_____	_____
_____	_____	_____	_____	_____	_____	_____
_____	_____	_____	_____	_____	_____	_____

월 총지출 _____

지금부터 여러분의 지출기록을 살펴보면서 고쳐야 할 부분이 무엇인지 찾아보자.

01 어떤 지출을 늘릴 것인가?

_____

_____

02 어떤 지출을 뺄 것인가?

_____

_____

3 예산을 짜보자

돈을 잘 관리하려면 지출의 기록만으로는 부족하다. 우리는 반드시 예산, 즉 돈을 어떻게 소비하고 저축할지에 대한 계획을 세울 수 있어야 한다. 예산은 수입상황에 따라 지출을 계획하고 저축목표도 세울 수 있게 도와준다. 예산을 짜는 것은 특별한 계산능력을 요구하지 않으며, 우리에게 돈의 흐름을 알려준다. 다음의 순서에 따라 자신의 예산안을 세워보도록 하자.

- 1단계 : 매주/매월의 예상수입을 적는다.
- 2단계 : 매주/매월의 기본지출 항목을 적는다. 예를 들면 차비, 점심식사 등
- 3단계 : 저축목표를 세운다.
- 4단계 : 예상수입에서 기본지출과 저축목표 금액을 빼면 자유롭게 소비할 수 있는 금액이 된다. 예를 들면 군것질, 장난감 등에 드는 비용 등

나의 주간 예산

수입		지출		
용돈	30,000원	필요한 것	점심식사 15,000원	
아르바이트	10,000원		교통비 3,000원	18,000원
		불필요한 것	군것질 4,000원	
			오락 4,000원	
			액세서리 4,000원	12,000원
합계	40,000원	합계		30,000원

01 무엇을 예산이라고 하는가?

　□ 가. 기대 수입과 기부금을 적는다.

　□ 나. 기대 수입과 지출을 적는다.

　□ 다. 기대 저축과 지출을 적는다.

　□ 라. 기대 투자와 저축을 적는다.

02 예산을 짜기 전에 준비할 항목이 아닌 것은 무엇인가?

　□ 가. 수입이 얼마인가?

　□ 나. 소비가 얼마인가?

　□ 다. 얼마를 저축할 것인가?

　□ 라. 투자는 얼마나 할 것인가?

03 예산의 목적은 무엇인가?

　□ 가. 앞으로의 수입금액을 계획한다.

　□ 나. 앞으로의 돈의 흐름을 계획한다.

　□ 다. 앞으로의 저축을 계획한다.

　□ 라. 앞으로의 저축금액을 계획한다.

04 예산을 잘 짜면 우리에게 어떤 점이 좋은가? (정답을 모두 고르세요)

　□ 가. 수입과 지출을 알게 된다.

　□ 나. 돈을 어디에 썼는지 알게 된다.

　□ 다. 자신의 저축목표를 달성한다.

　□ 라. 생필품을 구매할 수 있는 돈을 마련할 수 있다.

　□ 마. 생활이 더욱 풍요롭고 행복해진다.

　□ 바. 비현실적인 소비를 포기하게 된다.

05 다음 중 무엇 때문에 예산 실패가 일어나는가? (정답을 모두 고르세요)

☐ 가. 예상 가능한 모든 소비를 적는다.

☐ 나. 예산을 불확실하게 짠다.

☐ 다. 불가능한 저축 목표를 세운다.

☐ 라. 저축을 한 뒤 소비한다.

☐ 마. 갑작스런 지출을 예상하지 못했다.

☐ 바. 생필품에 대한 지출을 너무 적게 예상했다.

06 만약 예산이 적합하지 않다면 어떻게 해야 하는가?

☐ 가. 예산을 포기한다.

☐ 나. 무리하게 집행한다.

☐ 다. 인정하지 않는다.

☐ 라. 과감하게 수정한다.

07 저축목표를 늘리는 적절한 방법이 아닌 것은 무엇인가?

☐ 가. 불필요지출을 줄인다.

☐ 나. 필요지출을 줄인다.

☐ 다. 수입원을 다양하게 한다.

☐ 라. 수입금액을 늘린다.

08 저축을 고려할 때 어떤 항목을 먼저 빼야 하는가?

☐ 가. 모든 지출

☐ 나. 필요한 지출

☐ 다. 불필요한 지출

☐ 라. 정기적인 지출

09 이번 주의 군것질 예산비용을 다 썼을 때 우리는 어떻게 해야 하는가?

　　□ 가. 간식을 사지 않는다.

　　□ 나. 간식비의 예산을 늘린다.

　　□ 다. 기타 경비로 간식을 산다.

　　□ 라. 예산을 집행하지 않는다.

 제15과 학습 포인트

> ✓ 지출상황을 메모함으로써 돈이 어떻게 쓰였는지 알고 필요없는 지출을 찾을 수 있다.
>
> ✓ 예산이란 수입과 지출의 계획을 말한다. 예산을 잘 짜면 자신의 저축목표도 세울 수 있다.

돈의 지출계획을 세우자 (2)

돈을 효율적으로 쓰면 돈의 주인이 된다

어떤 사람들은 돈을 쓰기 위해 번다고 한다. '쓰지 않는다면 왜 버는가' 라는 말이다. 물론 맞는 말이지만 돈을 함부로 쓴다면 아무리 많은 수입이 있어도 지출을 감당하기 어려워 결국 돈이 바닥난다. 그렇기 때문에 우리는 반드시 지출계획을 잘 세워 계획적으로 생활함으로써 돈 때문에 걱정하는 일이 없도록 해야 한다.

1 어떤 일에 돈을 먼저 쓸 것인가?

우리는 일상생활에서 돈의 사용방식을 네 가지로 분류할 수 있다.

	긴급한 일	긴급하지 않은 일
중요한 일	긴급하고 중요한 일(A)	긴급하지 않지만 중요한 일(B)
중요하지 않은 일	긴급하지만 중요하지 않은 일(C)	긴급하지도 중요하지도 않은 일(D)

01 다음 중 중요한 일에 돈을 쓰는 것은 무엇인가? (정답을 모두 고르세요)

　□ 가. 행복하고 아름다운 가정을 이룬다.

　□ 나. 가치있는 물건을 산다.

　□ 다. 뜻밖에 발생되는 손실을 줄이거나 없앤다.

　□ 라. 다른 사람을 도와 경제적 어려움을 해결해준다.

　□ 마. 아늑한 집을 구입한다.

　□ 바. 자신의 건강을 가꾼다.

　□ 사. 오락을 한다.

　□ 아. 다 쓸 수 없는 옷과 생활용품을 얻는다.

02 다음 중 긴급한 일에 돈을 쓰는 것은 무엇인가? (정답을 모두 고르세요)

　□ 가. 중요한 문제를 해결한다.

　□ 나. 눈앞에 다가온 일을 해결한다.

　□ 다. 가장 비싼 물건을 산다.

　□ 라. 가장 싼 물건을 산다.

　□ 마. 복권을 산다.

03 다음 중 '긴급하고 중요한 일(A)' 은 무엇인가? (정답을 모두 고르세요)

　□ 가. 옷을 산다.

　□ 나. 돈을 기부한다.

　□ 다. 세금을 낸다.

　□ 라. 심각한 질병을 고친다.

　□ 마. 돈을 저축한다.

　□ 바. 교육을 받는다.

　□ 사. 사업을 한다.

　□ 아. 보험을 산다.

04 '긴급하고 중요한 일(A)' 에는 돈을 어떻게 써야 하는가?

　□ 가. 돈을 쓰면 안 된다.

　□ 나. 나중에 써야 한다.

　□ 다. 제일 먼저 써야 한다.

　□ 라. 마지막에 써야 한다.

05 다음 중 '긴급하지 않지만 중요한 일(B)' 은 무엇인가? (정답을 모두 고르세요)

　□ 가. 명품시계를 산다.

　□ 나. 여행을 떠난다.

　□ 다. 보험을 산다.

□ 라. 돈을 저축한다.

□ 마. 돈을 투자한다.

□ 바. 연수 프로그램에 참여한다.

□ 사. 원하는 모든 물건을 산다.

□ 아. 과분하게 즐긴다.

06 '긴급하지 않지만 중요한 일(B)'에는 돈을 어떻게 써야 하는가?

□ 가. 지금 반드시 써야 하지만 많은 돈을 쓸 필요는 없다.

□ 나. 나중에 써도 되고 쓰지 않아도 된다.

□ 다. 지금 당장 해야 하며 적은 돈을 써야 한다.

□ 라. 지금이나 나중에 써도 되지만 꼭 써야 한다.

07 다음 중 '긴급하지만 중요하지 않은 일(C)'은 무엇인가? (정답을 모두 고르세요)

□ 가. 영어 학원을 다닌다.

□ 나. 친구의 생일선물을 산다.

□ 다. 오늘까지 공연하는 연극표를 산다.

□ 라. 세금을 낸다.

□ 마. 마음에 드는 장난감을 산다.

□ 바. 자가용 한 대를 더 산다.

□ 사. 생명보험에 가입한다.

□ 아. 저축을 한다.

08 '긴급하지만 중요하지 않은 일(C)'에 돈을 어떻게 써야 하는가?

□ 가. 중요하지 않은 일이므로 고려할 필요가 없다.

□ 나. 중요하지 않은 일이므로 나중에, 또는 B유형을 해결한 뒤에 써도 된다.

□ 다. 긴급한 일이므로 즉시 써야 한다.

□ 라. 긴급한 일이므로 많은 돈을 써야 한다.

09 다음 중 '긴급하지도 중요하지도 않은 일(D)' 은 무엇인가?

(정답을 모두 고르세요)

☐ 가. 도박을 한다.

☐ 나. 소설책을 산다.

☐ 다. 항상 택시를 타고 물건을 사러 간다.

☐ 라. 사용할 수 없는 물건을 산다.

☐ 마. 앞으로 입을 수 없는 옷을 산다.

☐ 바. 잘 알지 못하는 친구에게 선물을 사준다

☐ 사. 불필요한 물건을 산다.

☐ 아. 영어공부를 한다.

10 '긴급하지도 중요하지도 않은 일(D)' 에 돈을 어떻게 써야 하는가?

☐ 가. 친구와 함께 이 비용을 부담한다.

☐ 나. 즉시 써야 한다.

☐ 다. 돈을 낭비하는 일이므로 마지막에 고려한다.

☐ 라. 반드시 아주 큰 돈을 써야 한다.

11 어떤 순서로 돈을 사용할 것인가?

☐ 가. A → B → C → D

☐ 나. A → B → D → C

☐ 다. B → A → C → D

☐ 라. A → C → B → D

12 나중에 돈 때문에 고민하지 않으려면 어떤 일에 돈을 투자해야 하는가?

☐ 가. A : 긴급하고 중요한 일

☐ 나. B : 긴급하지 않지만 중요한 일

☐ 다. C : 긴급하지만 중요하지 않은 일

☐ 라. D : 긴급하지도 중요하지도 않은 일

13 위와 같이 생각한 이유는 무엇인가?

　　□ 가. 이렇게 돈을 사용함으로써 앞으로 더 많은 명예를 얻을 수 있다.

　　□ 나. 이렇게 돈을 사용함으로써 앞으로 더 많은 쾌락을 얻을 수 있다.

　　□ 다. 이렇게 돈을 사용함으로써 앞으로 더 많은 돈을 얻을 수 있다.

　　□ 라. 이렇게 돈을 사용함으로써 앞으로 더 많은 향수를 얻을 수 있다.

14 만약 우리가 평소에 C유형과 D유형의 일에 돈을 많이 쓰면 어떻게 될까?

　　□ 가. 내일의 돈으로 오늘의 작은 꿈을 이룬다.

　　□ 나. 내일의 돈으로 내일의 꿈을 이룬다.

　　□ 다. 오늘의 돈으로 내일의 꿈을 이룬다.

　　□ 라. 오늘의 돈으로 오늘의 작은 꿈을 이룬다.

15 우리는 어떻게 '긴급하고 중요한 일(A)' 에 사용되는 돈을 줄일 것인가?

　　□ 가. '긴급하지만 중요하지 않은 일(C)' 및 '긴급하지도 중요하지도 않은 일
　　　　(D)' 을 전혀 하지 않는다.

　　□ 나. '긴급하고 중요한 일(A)' 에 대해 항상 관심을 갖는다.

　　□ 다. 평소 '긴급하지만 중요하지 않은 일(C)' 을 많이 해 사전연습을 할 수
　　　　있도록 한다.

　　□ 라. '긴급하지 않지만 중요한 일(B)' 을 처리하지 않으면 '긴급하고 중요한
　　　　일(A)' 의 일로 바뀌므로 평소에 B유형의 일을 많이 한다.

16 다음 중 '긴급하고 중요한 일(A)' 이 아닌 사례는 무엇인가?

　　□ 가. 평소에 전자 오락기를 많이 사서 심심하지 않게 한다.

　　□ 나. 평소에 많은 돈을 저축하여 때때로 필요한 것을 준비할 수 있다.

　　□ 다. 평소에 돈을 많이 투자하여 더 많은 돈을 번다.

　　□ 라. 평소에 공부하는 데 돈을 많이 투자하여 사회에서 낙오되지 않는다.

　　□ 마. 평소에 적절한 보험에 들어 예상치 못한 사고와 손실을 막는다.

　　□ 바. 평소에 영양이 풍부한 음식을 사먹어 건강을 지킨다.

2 돈을 언제 어떻게 써야 할까?

인생은 대체로 20년을 주기로 단계를 나눌 수 있다. 단계마다 돈 관리방법이 다르다. 현대인은 상대적으로 수명이 길어졌으므로 노년기에 인생을 즐기려면 반드시 모든 연령 단계의 특징에 따라 돈 관리를 해야 한다.

• 청소년기(0~20세)

청소년기의 수입은 부모님들이 주신 용돈이 대부분이다. 청소년들은 용돈을 학업과 일상생활에 소비한다. 비록 관리할 수 있는 돈은 적지만 이때부터 돈에 대한 정확한 가치관을 수립해야 한다. 자신의 예산을 계획하고 근검절약, 알뜰저축, 현명한 소비 및 자선헌금도 할 줄 아는 좋은 습관을 길러야 한다.

• 청년기(21~40세)

청년기는 성인이 되기 위한 준비단계다. 스스로 돈을 벌어 경제적 독립을 해야 할 뿐만 아니라 가정을 이루어 책임질 준비를 해야 한다. 따라서 열심히 돈을 저축하고 더 큰 투자에 성공하여 행복한 노후를 준비해야 한다.

• 중년기(41~60세)

중년기는 학교를 다니는 아이들과 정년퇴직을 한 부모님으로 인해 생활의 스트레스가 가장 많은 시기다. 또한 수입과 지출이 많으므로 자신의 퇴직생활을 위해 철저히 대비해야 한다.

• 노년기(61~80세)

노년기는 수입과 지출이 줄어든다. 하지만 생활을 유지해야 하므로 노인들은 대부분의 돈을 안전하고 모험이 적은 쪽으로 투자해야 한다.

01 알뜰저축, 근검절약, 자선헌금 등 좋은 습관을 기를 수 있는 시기는 언제인가?

☐ 가. 청소년

☐ 나. 청년

☐ 다. 중년

☐ 라. 노년

02 스스로 돈을 벌어 생활해야 하는 시기는 언제부터인가?

☐ 가. 청소년

☐ 나. 청년

☐ 다. 중년

☐ 라. 노년

03 정년퇴직 문제를 고려해야 하는 시기는 언제인가?

☐ 가. 청소년

☐ 나. 청년

☐ 다. 중년

☐ 라. 노년

04 열심히 저축하고 적절한 투자를 해야 하는 시기는 언제인가?

☐ 가. 청소년

☐ 나. 청년

☐ 다. 중년

☐ 라. 노년

05 인생의 어느 시기가 사업의 절정기인가?

  ☐ 가. 청소년

  ☐ 나. 청년

  ☐ 다. 중년

  ☐ 라. 노년

06 경제적으로 부담이 제일 많은 시기는 언제인가?

  ☐ 가. 청소년

  ☐ 나. 청년

  ☐ 다. 중년

  ☐ 라. 노년

07 수입과 지출이 줄어드는 시기는 언제인가?

  ☐ 가. 청소년

  ☐ 나. 청년

  ☐ 다. 중년

  ☐ 라. 노년

08 투자를 하는 데 있어 가장 안전하고 모험이 적은 것을 택해야 하는 시기는 언제인가?

  ☐ 가. 청소년

  ☐ 나. 청년

  ☐ 다. 중년

  ☐ 라. 노년

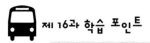 제16과 학습 포인트

✓ 돈의 사용방식을 네 가지 유형으로 나누어 처리한다.

– 긴급하고 중요한 일(A)

→ 바로 처리

– 긴급하지 않지만 중요한 일(B)

→ 지금 또는 조금 뒤에 반드시 많은 돈을 투자

– 긴급하지만 중요하지 않은 일(C)

→ 조금 뒤에 또는 B유형을 처리한 다음에야 처리

– 긴급하지도 중요하지도 않은 일(D)

→ 잠시 멈추거나 마지막에 처리

✓ 돈 관리는 인생의 시기에 따라 다르다.

– 청소년

→ 예산계획, 근검절약, 현명한 소비, 기부의 좋은 습관을 기른다.

– 청년

→ 열심히 돈을 저축하고 적절한 투자를 일찍 시작한다.

– 중년

→ 정년퇴임을 위해 철저히 돈을 준비한다.

– 노년

→ 돈을 안전하고 모험이 적은 곳에 투자한다.

사람들마다 생각이 다를 수 있다. 어떤 답이 절대적으로 옳다고 말할 수 없기 때문에 여기에서 제시하는 답안은 참고답안일 뿐이지 정답은 아니다.

제1과

2

01 1) ㉣   2) ㉮   3) ㉯   4) ㉣   5) ㉰   6) ㉯   7) ㉰   8) ㉮   9) ㉯
10) ㉰   11) ㉣   12) ㉰   13) ㉯

3

깨달음: 돈이 인생에서 가장 중요한 것은 아니다

4

01

특징	시간	돈
늘릴 수 있다	-	✓
줄일 수 있다.	-	✓
다른 사람에게 빌려 줄 수 있다	-	✓
잃어버렸던 것을 찾을 수 있다	-	✓
모든 사람이 똑같이 가지고 있다	✓	-
일정한 속도로 없어진다	✓	-
모을 수 있다	-	✓
도둑 맞을 수 있다	-	✓
무료로 모든 사람에게 줄 수 있다	✓	-

02 ㉮, ㉯, ㉣, ㉤, ㉥

5

01 ㉯   **02** ㉮   **03** ㉰   **04** ㉣   **05** ㉯   **06** ㉮   **07** ㉣   **08** ㉯
09 ㉮, ㉯, ㉰, ㉣

제2과

1

01 ㉮　02 ㉤　03 ㉣　04 ㉮　05 ㉤　06 ㉯　07 ㉤　08 ㉯

2

01 ㉮　02 ㉣　03 ㉯　04 ㉤　05 ㉯　06 ㉮　07 ㉮, ㉤, ㉣, ㉾, ㉨, ㉵

3

채점방식: '그렇다'는 1점, '때로는'은 2점, '아니다'는 3점

제3과

1

01 1) ㉮　2) ㉤　3) ㉮　4) ㉣　5) ㉯　6) ㉮　7) ㉤　8) ㉣　02 ㉮　03 ㉯

3

01 ㉤　02 ㉣　03 ㉮　04 ㉣　05 ㉤, ㉣, ㉾

5

02 ㉮, ㉯, ㉤, ㉲, ㉾

제4과

1

01 ㉯　02 ㉯　03 ㉣　04 ㉮　05 ㉤　06 ㉣

2

01 ㉯　02 ㉣　03 ㉣

제5과

2

02 ㉮

3

01 ㉯   02 ㉣   03 ㉯   04 ㉮, ㉯, ㉰, ㉣, ㉱, ㉳   05 ㉮, ㉰, ㉣, ㉱, ㉲

06 ㉮, ㉯, ㉰, ㉣, ㉱   07 ㉮, ㉯, ㉰, ㉣, ㉱, ㉲, ㉳

4

01 ㉯   02 ㉮   03 ㉰   04 ㉮   05 ㉮, ㉯, ㉰, ㉣, ㉱, ㉲   06 ㉮   07 ㉰

08 ㉯   09 ㉮

제6과

1

01 ㉮, ㉯, ㉣, ㉲   02 ㉣   03 ㉮, ㉯, ㉰, ㉱, ㉳, ㉴

2

01 1) ㉯, ㉣, ㉱, ㉲   2) ㉮, ㉯, ㉰, ㉱   3) ㉮, ㉯, ㉰, ㉣, ㉲   4) ㉮, ㉯, ㉱

　 5) ㉰, ㉣   6) ㉮, ㉰, ㉣   7) ㉮, ㉯, ㉰, ㉣, ㉱   8) ㉮, ㉯, ㉰, ㉣, ㉱, ㉲

　 9) ㉰, ㉣, ㉱   10) ㉮, ㉯, ㉰, ㉣, ㉱   11) ㉮, ㉯, ㉰

3

01 ㉯ [125,000÷2,500=50]   02 ㉰ [250,000÷2,500=100]

03 ㉣ [375,000÷37,500=10]

제7과

1

01 ㉯   02 ㉮   03 ㉣   04 ㉮   05 ㉰   06 ㉰   07 ㉮   08 ㉣

2

01 ㉮   02 ㉣   03 ㉯   04 ㉮, ㉯, ㉰, ㉣, ㉱, ㉲, ㉳, ㉴   05 ㉮, ㉰, ㉱

3

01 1) ㉰   2) ㉯   3) ㉣   4) ㉯

제8과

1

01 ㉣   02 ㉣   03 ㉮, ㉯, ㉢, ㉣, ㉤, ㉥, ㉦, ㉧, ㉨, ㉩, ㉪, ㉫

2

01 ㉢   02 ㉢   03 ㉮   04 ㉣   05 ㉮   06 ㉯   07 ㉯

08 ㉣ [148+142+137+132+127+122+117+112+108+104=1249원]

09 ㉯ [1048÷267=4배]

제9과

1

01 ㉢   02 ㉣   03 모두 발생할 기회 있음   04 1) ③   2) ③   3) ③   4) ①
5) ①   6) ③   7) ②   8) ②   9) ②   10) ①   11) ③   12) ①   13) ②
14) ③   15) ②   16) ③   17) ①   18) ③   19) ③   20) ③   21) ③   22) ③
23) ①

2

01 ㉢   02 ㉣   03 ㉮   04 ㉮, ㉯, ㉢, ㉤, ㉥   05 ㉯, ㉢   06 ㉢, ㉣
07 ㉮, ㉯, ㉢, ㉣, ㉤, ㉥

3

01 ㉮   02 ㉢   03 ㉮   04 ㉣   05 ㉣   06 ㉢   07 ㉮   08 ㉯   09 ㉮   10 ㉢
11 ㉣

제10과

1

01 ㉮   02 ㉮   03 ㉣   04 ㉮   05 ㉢   06 ㉯   07 ㉯   08 ㉮   09 ㉮, ㉯, ㉢,
㉣, ㉥, ㉦, ㉧, ㉨, ㉩   10 ㉮, ㉯, ㉢, ㉤, ㉥   11 ㉢ [10,000×0.03=300]

12 ㉮ [10,000+(10,000×0.3)=13,000]   13 ㉢ [13,000+(13,000×0.3)=16,900]

14 ㉣   15 ㉮   16 ㉮, ㉢, ㉣, ㉤   17 ㉮, ㉯, ㉢, ㉣, ㉤, ㉨

2

01 ㉯   02 ㉮, ㉯, ㉰, ㉱, ㉲   03 ㉮, ㉯, ㉬, ㉱   04 ㉬

05 ㉮, ㉬, ㉭, ㉯, ㉵   06 ㉮, ㉯, ㉬, ㉭, ㉱, ㉯, ㉵, ㉲   07 ㉮

제11과

1

01 ㉬   02 ㉯   03 ㉭   04 ㉯   05 ㉬   06 ㉮

2

01 ㉬   02 ㉮   03 ㉬   04 ㉮, ㉯, ㉬, ㉭, ㉱, ㉯

3

01 ㉬   02 ㉮, ㉯, ㉬, ㉭, ㉱   03 ㉮   04 ㉭   05 ㉯   06 ㉬ [14337÷1745=8]

4

01 ㉯   02 ㉮   03 ㉭   04 ㉬

제12과

1

01 ㉬   02 ㉯   03 ㉯   04 ㉮   05 ㉯   06 ㉭   07 ㉯

2

01 ㉯   02 ㉬   03 ㉬, ㉯, ㉵   04 ㉮, ㉬, ㉭, ㉯

3

01 ㉮   02 ㉭   03 ㉬   04 ㉭   05 ㉬   06 ㉯

4

01 ㉮ [72÷2]   02 ㉭ [72÷12]

제13과

1

01 ㉭   02 ㉮   03 ㉬   04 ㉯   05 ㉬   06 ㉯   07 ㉮   08 ㉮   09 ㉮, ㉯, ㉬

2

   03 ㉮

제14과

1

   01 ㉰   02 ㉰   03 ㉯   04 ㉮

2

   01 ㉰   02 ㉮   03 ㉯   04 ㉯, ㉰, ㉱

3

   01 ㉰   02 ㉱   03 ㉮   04 ㉯, ㉰, ㉲

제15과

1

   01 ㉯   02 ㉮, ㉰, ㉱, ㉲, ㉳   03 ㉯   04 ㉯   05 ㉯   06 ㉮   07 ㉰

3

   01 ㉯   02 ㉱   03 ㉯   04 ㉮, ㉯, ㉰, ㉱, ㉲, ㉲   05 ㉯, ㉰, ㉲, ㉲   06 ㉱

   07 ㉯   08 ㉰   09 ㉮

제16과

1

   01 ㉮, ㉯, ㉰, ㉱, ㉲, ㉲   02 ㉮, ㉯   03 ㉰, ㉱   04 ㉰   05 ㉰, ㉱, ㉲, ㉲

   06 ㉱   07 ㉯, ㉰, ㉲   08 ㉯   09 ㉮, ㉰, ㉱, ㉲, ㉲, ㉴   10 ㉰   11 ㉮

   12 ㉯   13 ㉰   14 ㉮   15 ㉱   16 ㉮

2

   01 ㉮   02 ㉯   03 ㉰   04 ㉯   05 ㉰   06 ㉰   07 ㉱   08 ㉱

지은이

리앙즈웬(梁志援)

저자는 홍콩 이공대학과 마카오 동아대학(마카오대학)에서 경영관리 학사학위, 마케팅 학사학위와 석사학위를 받았으며, 아동 사고(思考) 훈련 및 컴퓨터 교육 분야에서 많은 현장 경험을 가지고 있다. 현재 홍콩 컴퓨터학회, 영국 특허마케팅학회, 홍콩 컴퓨터교육학회와 홍콩 인터넷교육학회 회원으로 활동하고 있다. 또한 컴퓨터 과학기술, 심리학, 신경언어학(NLP)을 통해 아동과 청소년 양성에 주력해왔다. 그는 또한 사고방법, 교수법, 잠재의식 운영, 심리학 등의 관련 학문을 공부했다.

홈페이지 www.youngthinker.net

옮긴이

이종순

1958년 중국에서 태어나 북경 중앙민족대학에서 조선어문학을 전공했다. 한국으로 건너와 고려대학교 대학원에서 문학석사, 서울대학교 대학원에서 교육학 박사학위를 받았다. 중국에서는 목단강시위당교(牡丹江市委黨校) 조교수로 근무했고, 한국에서는 한국어와 한국문학교육을 공부하면서 서울대학교, 이화여자대학교, 경기대학교 등에서 중국어를 강의했다. 2003년 이후 한국관광대학 관광중국어과 교수로 재직 중이다. 저서로는 《별나라 사람 무얼 먹고 사나》(고구려 출판사, 1997), 《알짜&짤막 중국어 회화》(다락원, 2004), 《중국 조선족 문학과 문학교육 연구》(신성출판사, 2005) 등이 있으며, 번역서로는 《지혜동화》(예림당, 1995) 등이 있다.

한언의 사명선언문

Our Mission

一. 우리는 새로운 지식을 창출, 전파하여 전 인류가 이를 공유케 함으로써
   인류문화의 발전과 행복에 이바지한다.

一. 우리는 끊임없이 학습하는 조직으로서 자신과 조직의 발전을 위해
   쉼없이 노력하며, 궁극적으로는 세계적 컨텐츠 그룹을 지향한다.

一. 우리는 정신적, 물질적으로 최고 수준의 복지를 실현하기 위해 노력하며,
   명실공히 초일류 사원들의 집합체로서 부끄럼없이 행동한다.

Our Vision   한언은 컨텐츠 기업의 선도적 성공모델이 된다.

저희 한언인들은 위와 같은 사명을 항상 가슴 속에 간직하고
좋은 책을 만들기 위해 최선을 다하고 있습니다.
독자 여러분의 아낌없는 충고와 격려를 부탁드립니다.

- 한언가족 -

HanEon's Mission statement

Our Mission

一. We create and broadcast new knowledge for the advancement and happiness of the
   whole human race.

一. We do our best to improve ourselves and the organization, with the ultimate goal of
   striving to be the best content group in the world.

一. We try to realize the highest quality of welfare system in both mental and physical
   ways and we behave in a manner that reflects our mission as proud members of
   HanEon Community.

Our Vision   HanEon will be the leading Success Model of the content group.